ANIMAIS
NOSSOS IRMÃOS

Animais, nossos irmãos
Copyright by © Petit Editora e Distribuidora Ltda., 1995
35-9-19-2.000-137.300

Coordenação editorial: **Ronaldo A. Sperdutti**
Capa: **Décio Lopes**
Imagem da capa: **Agencyby | Dreamstime.com**
Anton Maltsev | Dreamstime.com
Projeto gráfico e editoração: **Traço & Compasso Estúdio**
Preparação: **Maiara Gouveia**
Revisão: **Denise Dognini**
Impressão: **Expressão & Arte**

**Ficha catalográfica elaborada por
Lucilene Bernardes Longo – CRB-8/2082**

Kühl, Eurípedes
  Animais, nossos irmãos / Eurípedes Kühl. – São Paulo: Petit, 2015.
  208 p.

  ISBN: 978-85-7253-297-6

  1. Espiritismo 2. Animais 3. Alma dos animais 4. Evolução das espécies 5. Dor I. Título.

CDD: 133.9

Direitos autorais reservados.
É proibida a reprodução total ou parcial, de qualquer forma
ou por qualquer meio, salvo com autorização da Editora.
(Lei nº 9.610, de 19 de fevereiro de 1998)
Traduções somente com autorização por escrito da Editora.
Impresso no Brasil.

Prezado(a) leitor(a),
Caso encontre neste livro alguma parte que acredita que vai interessar ou mesmo ajudar outras pessoas e decida distribuí-la por meio da internet ou outro meio, nunca deixe de mencionar a fonte, pois assim estará preservando os direitos do autor e, consequentemente, contribuindo para uma ótima divulgação do livro.

EURÍPEDES KÜHL

ANIMAIS
NOSSOS IRMÃOS

editora
Av. Porto Ferreira, 1031 – Parque Iracema
CEP 15809-020 – Catanduva-SP
Tel. 17 3531.4444

www.petit.com.br | petit@petit.com.br

DEDICATÓRIA

*Aos filhos amados, Maria Lúcia e Eurípedes,
autorizados por Deus a iluminar nosso lar e
nossos corações – o da Lucy e o meu (seus pais) –
e aos gatos "Branquelo", "Baixinha" e "Fusquinha",
animaizinhos que proporcionam em nossa casa
um clima de mais alegria, companheirismo e amor,
dedico esta obra.*

Ribeirão Preto/SP – 1994

*Vinte anos se passaram desde a 1ª edição...
E, agora (2015), outros "irmãos menores" alegram
da mesma forma nosso lar. São os gatos:
"Ventania" (18 anos), "Josué" (8 anos) e "Pituca" (3 anos).
Esta reedição festiva é deles também.
(Um mês depois desta homenagem, "Ventania"
retornou suavemente "lá prá cima",
deixando um rastro de saudade...).*

O autor

Ventania

Ele tinha acabado de salvá-la de um incêndio em sua casa, resgatando-a e levando-a para o gramado da frente; depois, tinha continuado a combater o incêndio. Ela estava prenha. O bombeiro teve medo dela no início, pois nunca antes ele tinha resgatado um dobermann. Quando finalmente o fogo foi extinto, o bombeiro sentou na grama pra recuperar o fôlego e descansar. Um fotógrafo do jornal The Observer *notou o dobermann olhando para o bombeiro. Ele a viu andar na direção dele e se perguntou o que a cachorra ia fazer. Enquanto o fotógrafo levantava a câmera, ela se aproximou do bombeiro que tinha salvado sua vida e as dos seus filhos e beijou-o.*

ÍNDICE

Prefácio 13
Introdução 15
   1. "HISTÓRIA D'UM CÃO" 19
   2. A TERRA 25
   3. A LUA 30
      Marés 31
   4. A VIDA 32
      Corpos orgânicos 35
      Seres orgânicos 36
      Fluido Cósmico ("Sopro Divino") 39
      Matéria Cósmica Primitiva 40
      Princípio Vital 41
   5. O ESPÍRITO 44
   6. SERES VIVOS 47
      Origem 47
      Roteiros Evolutivos 49

Homens	49
Animais	50
Funções	50
Vegetais	50
Micróbios	51
Animais	52

7. OS ANIMAIS E O PROGRESSO 53

Bovinos	53
Cavalos	55
Elefantes e camelos	56
Caprinos	57
Cães	57
Gatos	58
Aves	61
Marsupiais	61
Peixes	62
Cetáceos	65

8. A DOR 68

A presença da dor nas experiências com animais	68
Dor-Evolução	69
Dor-Expiação	69
Dor-Auxílio	70
Presença da dor na Terra	70
Homens	70
Animais	75
Vegetais	83
Minerais	84
A dor no século XXI	84
Fato 1 – Presença da dor	85
Fato 2 – Ausência da dor	85
Fato 3 – Fundamento espiritual da dor	85

9. OS ANIMAIS E O ESPIRITISMO 89

Um edifício chamado Espiritismo	89
Inteligência	91
Instinto	93

      Linguagem 94
      Alma 94
  Animais após a morte (No Plano Espiritual) 94
  Reencarnação de animais 97
  Castração de animais 99
  Eutanásia animal 100
  Metempsicose 102
  Elo entre animal e hominal 103
  Promoção do animal ao hominal – Finalmente:
    o "elo perdido" 107
  Outros reinos naturais e vida em outros mundos 109
  Elos da Vida 111
      Matéria 116
      Princípio Inteligente (PI) 117
  Animais em outros mundos 119
  Animais no "outro mundo" 121
  Animais: médiuns? 122

10. VEGETARIANISMO 135
11. ANIMAIS: ESPÉCIES EXTINTAS 140
12. HOLOCAUSTOS 144
  Imolação de animais 144
  Velho Testamento 144
  Candomblé 145
  Atualidade 146
13. OS ANIMAIS NOS LABORATÓRIOS 150
  As pesquisas científicas 150
  Animais: primeiros inquilinos 152
  O homem: último inquilino 153
14. OS ANIMAIS E O SAGRADO DIREITO À VIDA 156
  Matadouros 157
15. PROTEÇÃO AOS ANIMAIS 162
  Religiões, religiosos e pensadores................................. 162
    Velho Testamento 162

    Jesus 163
    São Francisco de Assis 163
    São Basílio 164
    Islamismo 164
    Pensadores 165

16. AMOR E RESPEITO AOS ANIMAIS 167
  Educação infantil 167
    Piedade 170
    Animais abandonados 170
    Cemitério para animais 171
    Incinerador de despojos animais 172
    Homens e feras: Amigos 177
    Agressões e defesa 180
    Carroças/carruagens 181
    Ajuste de carga 181
    Cargas excessivas 182
    Animais sendo transportados 182
    Debilidades de alguns animais 182
    Necessidades fisiológicas 182
    Gaiolas ou aquários 183
    Ruídos e luz excessivos 183
    No trânsito 184
    Saúde dos animais 185
    Dentista de cavalos 185
    Homeopatia e Medicina Veterinária 187
    Convívio social de donos de animais, vizinhos e
      transeuntes 187
    "Sanitários caninos" 188
    Polícia Florestal e de Mananciais 189

17. É BOM NÃO LEMBRAR... 190

18. CONCLUSÃO 193

19. "TRIBUTO A UM CÃO" 199

Bibliografia 201

PREFÁCIO

Esta obra foi inspirada pelo amor aos animais, que também são filhos de Deus – portanto, nossos irmãos.

Irmãos menores, mas irmãos.

"Menores" porque ainda sem a inteligência contínua.

Delineia-se ao nosso entendimento que tudo aquilo que é criado por Deus – e todos os seres o são – tem o divino impulso evolutivo.

A evolução, assim, para tudo e para todos, é inexorável, por lei Divina.

Vemos como se processa o aperfeiçoamento espiritual dos seres, desde sua criação, palmilhando os reinos naturais, do irracional ao hominal – tudo em sequência, obedecendo a uma escala progressiva perfeita.

Progresso alcançando ser a ser, mas sempre com auxílio permanente que emana do Criador, além daquele que pode e deve partir do próximo.

Como principal objetivo, o autor laborou o pensamento e retransmite aos leitores um convite ao despertamento e à maravilha da criação de Deus. Apresenta, para isso, indicativos lógicos para a dedução de que, de início, fomos animais também...

Tal reflexão, se aceita, levar-nos-á ao indispensável abandono da indiferença pelo que acontece com os animais – todos eles!

Sendo o mundo uma grande casa-escola, cada ser vivo é um inquilino-aluno.

Disso decorre que dever cristão individual e intransferível é aquele que levará o aluno da classe superior a arrimar o que vem mais atrás, em aprendizado incessante.

Com isso, estaremos ouvindo e agindo segundo os ensinamentos de Jesus relativos ao Amor Integral.

Vida, liberdade, respeito e Amor são direitos que requeremos do mundo, de forma consuetudinária e ardente, por considerá-los bens inalienáveis.

– Ora, se acreditamos que os animais são filhos do mesmo Pai, que aqueles direitos concede, qual a nossa responsabilidade em excluí-los desse contexto?

Consideramos que este livro contém a resposta.

Ribeirão Preto/SP – 21/Abril/1994

Nilson Guiselline

INTRODUÇÃO

Todos os seres vivos têm direito à vida: ninguém, a não ser Deus, Aquele que a criou e que pode concedê-la, pode subtraí-la!

A lei universal do equilíbrio na convivência apoia-se no fato de que só será lícito agir mudando algo, quando possível seja reagir, ou retroagir, recompondo o *statu quo* inicial da ação.

Assim, não há como discordar da premissa que encima esta página, sendo equivocada qualquer ação que resulte na morte de um ser vivo, pelo simples fato de que a morte é irreversível.

O objetivo desta obra é sensibilizar os leitores para o fato de que os animais, tanto quanto nós, têm o inalienável e sagrado direito à vida – num viver com respeito e proteção.

Para tanto:

- pesquisamos obras literárias científicas que tratassem de Zoologia, para alicerçar os aspectos técnicos deste livro;
- buscamos encontrar nas religiões os fundamentos filosóficos da vida – a dos animais inclusive;

- visitamos cientistas universitários e com eles nos entrevistamos, em seus laboratórios, levando-nos isso a identificar uma intensa e estreita relação científica homem-animal;
- visitamos zoológicos e circos que utilizam animais;
- conversamos com inúmeras pessoas ligadas profissionalmente à vida animal.

Após a coleta de todo esse material – social/filosófico/religioso/científico –, propusemo-nos a passar para eventuais interessados bases adequadas de julgamento que viessem a possibilitar difíceis decisões em suas vidas, relativas à mudança de pensamento e de comportamento para com os animais.

Todos os assuntos expostos nesta obra, citando pessoas, locais ou estatísticas, têm como fonte jornais (agências de notícias nacionais e internacionais), revistas, publicações técnicas (livros e periódicos), além de dados enciclopédicos e notas do nosso arquivo pessoal.

Tais fontes foram geralmente citadas para facilitar consultas, na eventualidade de interesse em maiores detalhes.

Não estamos julgando ninguém *a priori*, o que seria imperdoável leviandade.

Mas é inegável que muitas pessoas desconhecem os desdobramentos espirituais das ações no plano material, dentre as quais, infelizmente, incluem-se o desrespeito e a crueldade para com os animais.

Informá-las disso, eis o principal motivo desta obra.

O que este livro contém não é destinado só para espíritas como nós.

A Doutrina Espírita é rica em conceitos que abrangem todas as áreas do comportamento humano, máxime o comportamento espiritual.

O tema "animais" não foi excluído dela, antes, pelo contrário, é pródiga a massa de informações que permeia a literatura espírita, mas de forma generalizada.

Por isso, decidimos pela empreitada de estudar todas as possíveis nuances que envolvem a questão, de forma a oferecer aos interessados uma visão mais abrangente e detalhada sobre a vida e a morte desses nossos companheiros de morada terrena (e espiritual), os animais.

Logo percebemos que as obras que tratam dos animais, se científicas, abordam temas específicos de determinada espécie; se espíritas, a questão é tratada esparsamente.

Das segundas, depreende-se que os animais têm alma (diferente da humana), inteligência rudimentar, evoluem, sobrevivem à morte e, na Terra, merecem o respeito e a proteção do homem.

Restou-nos o desejo de reunir e ampliar o entendimento, já que inúmeros ângulos precisavam de maior iluminação, sendo isso cobrado pelo nosso espírito, sob a chancela da curiosidade.

Então, saindo dessa superfície, logramos adentrar num mundo maravilhoso, onde a vida espelha a Sabedoria de Deus e onde entidades angelicais, sempre agindo em nome do bem, cuidam dos animais e por eles têm amor!

Todos os indicativos naturais da vida nos conduziram à certeza de que ontem éramos animais, quais os que hoje nos servem.

Depois, outras certezas:

- amanhã, esse mesmo animal ingressará no reino hominal; se nós ainda não estivermos no estágio angelical, ele poderá ser da nossa família...;
- a dor que infligimos ao animal coloca-nos diante da Lei de Causa e Efeito como devedores de iguais padecimentos;
- o mundo é uma grande escola e uma grande casa, como a nossa própria;
- todas as casas pertencem a Deus, e os seres vivos terrenos nelas não passam de inquilinos temporários...;
- por tudo isso, todos somos irmãos: homens e animais!

17

Prudente será que o mais breve possível nos integremos no contexto do amor universal, qual a mãe-natureza, que desde nossa criação vem abençoando a todos os seus filhos, homens e animais. Se aos primeiros, por mérito, é dispensado o incomparável dom da inteligência, os segundos estão em seu caminho para disso se beneficiar, tanto quanto os anjos, igualmente por mérito, têm a pureza e a luz, que estão sempre repassando à humanidade.

Eis por que os animais, nossos irmãos inferiorizados na escala biológica, mas herdeiros semelhantes a nós das benesses divinas, têm os mesmos direitos que requeremos do mundo: a vida, a liberdade, o respeito e o amor!

Moveu-nos a preocupação constante de evitar colisões com as Ciências e principalmente com a Doutrina Espírita.

Mas, se falhas estão presentes, aqui ou ali – e certamente estão –, devem todas ser debitadas exclusivamente às nossas lembradas limitações, que, desde já, à tolerância dos leitores rogamos perdoar.

Ao final, implorando inspiração ao Criador, redigimos as páginas seguintes com a alma plena de sincero amor pelos animais.

O pedido maior, porém, que fizemos a Deus, é que pelo menos um animal se beneficiasse deste livro.

— 1 —

"HISTÓRIA D'UM CÃO"

por Luis Guimarães

Eu tive um cão. Chamava-se Veludo;
Magro, asqueroso, revoltante, imundo;
Para dizer numa palavra tudo
Foi o mais feio cão que houve no mundo.

Recebi-o das mãos d'um camarada
Na hora da partida. O cão gemendo
Não me queria acompanhar por nada:
Enfim – mau grado seu – o vim trazendo.

O meu amigo cabisbaixo, mudo,
Olhava-o... o sol nas ondas se abismava...
"Adeus" – me disse –, e ao afagar Veludo
Nos olhos seus o pranto borbulhava.

"Trata-o bem. Verás como rasteiro
Te indicará os mais sutis perigos;
Adeus! E que este amigo verdadeiro
Te console no mundo ermo de amigos."

Veludo a custo habituou-se à vida
Que o destino de novo lhe escolhera;
Sua rugosa pálpebra sentida
Chorava o antigo dono que perdera.

Nas longas noites de luar brilhante,
Febril, convulso, trêmulo, agitando
A sua cauda – caminhava errante
À luz da lua – tristemente uivando.

Toussenel, Figuier e a lista imensa
Dos modernos zoológicos doutores
Dizem que o cão é um animal que pensa:
Talvez tenham razão estes senhores.

Lembro-me ainda. Trouxe-me o correio,
Cinco meses depois, do meu amigo
Um envelope fartamente cheio:
Era uma carta. Carta! Era um artigo

Contendo a narração miúda e exata
Da travessia. Dava-me importantes
Notícias do Brasil e de la Plata
Falava em rios, árvores gigantes:

Gabava o "steamer" que o levou; dizia
Que ia tentar inúmeras empresas:
Contava-me também que a bordo havia
Mulheres joviais – todas francesas.

Assombrava-se muito da ligeira
Moralidade que encontrou a bordo:
Citava o caso duma passageira...
Mil cousas mais de que me não recordo.

Finalmente, por baixo disso tudo
Em nota bene do melhor cursivo
Recomendava o pobre do Veludo
Pedindo a Deus que o conservasse vivo.

Enquanto eu lia, o cão tranquilo e atento
Me contemplava, e – creia que é verdade –
Vi, comovido, vi nesse momento
Seus olhos gotejarem de saudade.

Depois lambeu-me as mãos humildemente,
Estendeu-se a meus pés silencioso
Movendo a cauda – e adormeceu contente
Farto d'um puro e satisfeito gozo.

Passou-se o tempo. Finalmente um dia
Vi-me livre daquele companheiro;
Para nada Veludo me servia,
Dei-o à mulher d'um velho carvoeiro.

E respirei! "Graças a Deus! Já posso"
Dizia eu "viver neste bom mundo
Sem ter que dar diariamente um osso
A um bicho vil, a um feio cão imundo."

Gosto dos animais, porém prefiro
A essa raça baixa e aduladora
Um alazão inglês, de sela ou tiro,
Ou uma gata branca cismadora.

Mal respirei, porém! Quando dormia
E a negra noite amortalhava tudo,
Senti que à minha porta alguém batia:
Fui ver quem era. Abri. Era Veludo.

Saltou-me às mãos, lambeu-me os pés ganindo,
Farejou toda a casa satisfeito;
E – de cansado – foi rolar dormindo
Como uma pedra, junto do meu leito.

Praguejei furioso. Era execrável
Suportar esse hóspede inoportuno
Que me seguia como o miserável
Ladrão, ou como um pérfido gatuno

E resolvi-me enfim. Certo, é custoso
Dizê-lo em alta voz e confessá-lo:
Para livrar-me desse cão leproso
Havia um meio só: era matá-lo.

Zunia a asa fúnebre dos ventos;
Ao longe o mar na solidão gemendo
Arrebentava em uivos e lamentos...
De instante a instante ia o tufão crescendo.

Chamei Veludo; ele seguiu-me. Entanto
A fremente borrasca me arrancava
Dos frios ombros o revolto manto
E a chuva meus cabelos fustigava.

Despertei um barqueiro. Contra o vento,
Contra as ondas coléricas vogamos;
Dava-me força o torvo pensamento:
Peguei num remo – e com furor remamos.

Veludo à proa olhava-me choroso
Como o cordeiro no final momento.
Embora! Era fatal! Era forçoso
Livrar-me enfim desse animal nojento.

No largo mar ergui-o nos meus braços
E arremessei-o às ondas de repente...
Ele moveu gemendo os membros lassos
Lutando contra a morte. Era pungente.

Voltei a terra – entrei em casa. O vento
Zunia sempre na amplidão, profundo.
E pareceu-me ouvir o atroz lamento
De Veludo nas ondas moribundo.

Mas ao despir dos ombros meus o manto
Notei – oh, grande dor! – haver perdido
Uma relíquia que eu prezava tanto!
Era um cordão de prata: – eu tinha-o unido

Contra o meu coração constantemente
E o conservava no maior recato,
Pois minha mãe me dera essa corrente
E, suspenso à corrente, o seu retrato.

Certo caíra além no mar profundo,
No eterno abismo que devora tudo;
E foi o cão, foi esse cão imundo
A causa do meu mal! Ah! Se Veludo

Duas vidas tivera – duas vidas
Eu arrancara àquela besta morta
E àquelas vis entranhas corrompidas.
Nisto senti uivar à minha porta.

23

Corri – abri... Era Veludo! Arfava:
Estendeu-se a meus pés –, e docemente
Deixou cair da boca que espumava
A medalha suspensa da corrente.

Fora crível, oh Deus? – Ajoelhado
Junto do cão – estupefato, absorto,
Palpei-lhe o corpo: estava enregelado;
Sacudi-o, chamei-o! Estava morto.

O autor desse lírico e não menos monumental (em todos os sentidos...) poema, ora apresentado na ortografia original, Luis Caetano Pereira Guimarães Júnior, nasceu no Rio de Janeiro, em 1845, e desencarnou em Lisboa, em 1898. Diplomata de carreira, serviu em diversos países. Foi membro fundador da Academia Brasileira de Letras.

Aqui, em alguns instantes, esse cantar dolorido parece vir das entranhas mais recônditas da alma de alguém desterrado, ficando difícil definir se o espelho da solidão e da saudade refletia o viajante ou seu cão...

Os sentimentos do poeta indicam que talvez tenham sido inspirados nele próprio – sua vida nômade, como acontece com os diplomatas – deixando para trás lembranças, amores, saudades.

Na infância, lendo a "História d'um Cão", num dos tomos de *O Tesouro da Juventude*, fiquei dias e dias impressionado com o discurso nele embutido, em defesa dos animais.

Dificilmente a fidelidade, a humildade e o perdão, virtudes aqui atribuídas aos cães e tão deslembradas entre muitos homens, encontrarão paralelo narrativo como este.

Sensibilizado pelo poema, seguramente, isso muito influenciou minha postura para com os animais, desde então.

E, a cada leitura, tanto a partir da primeira quanto agora, já decorridos cinquenta anos, gotas de pranto orvalham-me o rosto.

- 2 -

A TERRA

Supõe a Ciência que nosso planeta teria se formado há aproximadamente 4,5 bilhões de anos, a partir de uma porção gasosa, de altíssima temperatura, que teria se desprendido do Sol.

Há outra hipótese científica: concentração de nuvens gasosas, as quais, nesse caso, teriam formado todo o sistema solar.

A última hipótese configura que a tremenda massa concentrada, em movimento expansionista pela vastidão cósmica, girando em grande velocidade, teria feito desprender porções incandescentes, que teriam originado os planetas.

Tais porções, por força da lei de atração dos corpos, tornaram-se cativas da massa central, tendo elas próprias movimentos orbitais eternos.

Em ambas as hipóteses, temos que a Terra é "filha" do Sol.

A porção que constituiu a Terra, deslocando-se ao redor do Sol numa órbita elíptica, teve, desde o início, a velocidade constante de aproximadamente 108 mil km/h (velocidade de translação); esse movimento é chamado de "revolução" e se dá num plano imaginário, cuja órbita é da "eclíptica" (círculo máximo na esfera celeste, o qual corresponde à órbita aparente do Sol em volta da Terra).

– Por dia, a Terra percorre 2,5 milhões de km!

Girando sobre si mesma (movimento de rotação), durante 24h cada giro completo, essa matéria tendeu a arredondar-se, além de, paulatinamente, perder calor e, em consequência, resfriar-se. Nesse resfriamento essa gigantesca massa gasosa teria se condensado e decantado, enrijecendo e fraturando sua camada exterior, por enrugamento.

De seu núcleo, até hoje fundente, pouco se sabe.

O centro da Terra está a 6.366 km da superfície e é constituído de níquel e ferro em estado de fusão, a uma temperatura que oscila de 2.500 a 5.000ºC. Por sua composição, esse núcleo recebeu o nome de "NIFE" (nome formado pelas primeiras sílabas dos elementos citados).

As notícias mais concretas a respeito desse núcleo são dadas periodicamente pelos vulcões, quando ativos, funcionando eles como autênticas "válvulas de segurança planetárias".

A solidificação da superfície terrestre fez surgirem as rochas, as quais emanavam grandes quantidades de gases e vapores.

Absolutamente impróprio a qualquer espécie de vida conhecida, tal ambiente durou aproximadamente 2 bilhões de anos, fazendo da Terra um panorama indescritível e quase inimaginável: predominavam violentíssimas tempestades, erupções vulcânicas constantes, raios, furacões etc.

A atmosfera formou-se de espessas camadas de nuvens que envolveram e escureceram todo esse "novo" corpo celeste, por milhões e milhões de anos.

A tendência tinha que ser mesmo o resfriamento, até porque tal barreira impedia a chegada dos raios solares.

A eletricidade acumulou-se em proporções fantásticas.

Em condições ideais, o hidrogênio e o oxigênio se uniram molecularmente, e inimagináveis quantidades de vapor se formaram.

Ao se condensar, todo esse vapor recebeu o bombardeio das tremendas forças energéticas vindas de *baixo* (emanação de calor, gases e tempestades da superfície terrestre) e de *cima* (raios solares que desde então – e para sempre – chegavam e chegam ao planeta).

Então, choveu!

Torrencialmente, por séculos e séculos...

Enormes porções da crosta terrestre foram submersas.

Mares e oceanos foram formados de águas escaldantes.

Tais águas acabaram por se resfriar, resfriando igualmente as rochas sobre as quais repousaram, após incontáveis mudanças de local, em movimentos de acomodação de que atualmente sobraram quase que imperceptíveis vestígios (maremotos).

Nascentes naturais deram origem e perpetuidade a incontáveis lagos e rios. Nos rios, as águas sempre afloram, por escoamento dos lençóis hidrográficos; nos lagos, estabilizam a vazante, acomodando-se.

Assim, aos poucos, milênios perpassando sobre milênios, a calma envolveu as águas.

A temperatura, decaindo enormemente, dividiu a Terra em locais gelados (polos), zonas quentes (trópicos) e zonas temperadas (regiões intermediárias); em razão da órbita em torno do Sol, com afastamento progressivo para retorno compulsório e exato no tempo, surgiram as estações climáticas.

Dois bilhões de anos tinham decorrido...

27

Estudos científicos, utilizando simulações em computador sobre o comportamento dos planetas vizinhos, demonstraram que a Terra – e somente a Terra, em todo o sistema solar – possui condições de abrigar vida inteligente.

Os dados, recentes, são das revistas *Science*, dos EUA, e *Nature*, da Inglaterra, e, naturalmente, reportam-se ao modelo terreno de vida, ou semelhante a ele.

Atividades vulcânicas variando enormemente as temperaturas ambientes; nuvem de gases ácidos envolvendo o planeta; mudança do eixo de tempo em tempo; grandes modificações climáticas; planetas, com enormes massas e satélites de dimensões bem menores que as da Lua etc. Tais foram alguns dos impedimentos à vida, que foram observados em planetas como Marte, Vênus, Júpiter e Saturno.

Já o planeta Terra, "o bem comportado da turma", a Lua, com sua formidável força gravitacional, prende-o a um eixo fixo, gerando clima estável, dividido em estações definidas, que se repetem regularmente ano a ano.

Dois planetas gigantes são verdadeiros guardiões terrestres: Júpiter, 318 vezes a massa da Terra, e Saturno, 95. Protegem-na contra cometas, atuando como "espanadores", enviando-os para o espaço interestelar, evitando que eles se choquem com ela, bem como com os demais planetas do sistema solar.

Isso há bilhões de anos!

Ao girar em torno do Sol, a Terra mantém fixo seu eixo, levemente inclinado em relação a ele. Os cientistas estão convencidos de que tal inclinação se deve, também, à influência gravitacional da Lua.

Concluem os estudiosos que sem a Lua não haveria vida na Terra, pois o clima seria irregular.

Calculam os astrônomos norte-americanos que no universo conhecido há pelo menos 4.000 planetas com um ambiente semelhante ao terrestre; neles, deve haver satélites similares ao nosso; e vida também, como a nossa!

Conhecendo todos esses fatos, cada vez mais a Ciência se curva ante a grandeza do Criador, "Inteligência Suprema e Causa Primária de todas as coisas", segundo Kardec fez constar como resposta à questão primeira de *O Livro dos Espíritos* ("O que é Deus?").

Temos assim que muitos cientistas, primeiro através do cérebro e depois do coração, da admiração a Deus passam a amá-Lo, transformando-se em "pobres de espírito" (humildes, brandos e pacíficos), os quais são, segundo Jesus, os bem-aventurados herdeiros da Terra e do reino dos céus. (Mateus, 5:3-4).

— 3 —

A LUA

Simultaneamente à criação da Terra, foi criada a Lua.

Sua origem e primeiros tempos em tudo se assemelharam à Terra.

A grande diferença entre ambas é que depois de 3 bilhões de anos a atividade interna lunar cessou; os enormes meteoritos que a bombardearam desde o início tornaram-se mais raros; com o resfriamento, houve a solidificação da superfície (o núcleo, relativamente pastoso, tem uma temperatura central estimada em 1.500ºC).

Os dados sobre a estrutura e as temperaturas lunares foram confirmados pelas seis missões **Apolo**, sob responsabilidade dos EUA.

Todavia, é muito pouco o que se sabe sobre nosso satélite.

O Espírito Emmanuel, no livro *A Caminho da Luz*,[1] leciona que a Lua é fundamentalmente uma âncora do planeta Terra, proporcionando:

---

1. *A Caminho da Luz*, Espírito Emmanuel, psicografia de Francisco Cândido Xavier, cap. I, p. 20, 13. ed.,1985, FEB, RJ/RJ.

- equilíbrio nos movimentos eternos de translação;
- forças de estabilização planetária;
- ação decisiva na criação e reprodução de todas as espécies.

Marés

A Lua tem órbita cativa em redor da Terra, realizando seu próprio deslocamento e, em consequência, provocando as marés.

Pelas marés, duas vezes ao dia as águas dos mares sofrem fluxo e refluxo.

Igualmente isso ocorre com lagos, lagoas e mesmo rios, porém é imperceptível em face dos volumes considerados.

Das marés, tanto quanto da Lua, pouco se sabe.

– O que teria levado a Natureza (Deus) a criá-las?

Ainda não existe resposta convincente.

O futuro, certamente, reserva para a humanidade o uso dessa verdadeira bênção.

De nossa parte, talvez até com alguma imprudência, comparamos as marés com as pedras preciosas aventando seu emprego:

- são eternas e multimilenárias;
- são extremamente atraentes;
- seu estudo, quanto à formação, instiga a imaginação;
- sua finalidade ainda não foi definida.

Das pedras preciosas, tirante as joias, ou seu emprego comercial como elevados ativos financeiros, a Ciência as empregará, seja em fibras óticas, em medicina nuclear, em eletrônica, ou como instrumentos de radiocomunicação espacial.

Das marés, pela hidrodinâmica (estudo matemático dos movimentos dos líquidos), por certo os homens extrairão infindáveis aplicações, valendo-se de tão colossal, inesgotável e límpida fonte de energia.

A VIDA

Provavelmente é folclore:

Os Apóstolos, que muito admiravam a grande sabedoria de Jesus, nem por isso perdiam uma oportunidade para, mesmo respeitosamente, testá-la. Assim é que sabendo que Ele passaria por um caminho onde jazia um cachorro morto, em decomposição, aguardaram qual seria a reação do Mestre diante da carniça daquele animal.

Jesus, quando se aproximou do animal morto, exclamou:

"Que dentes maravilhosos, vocês não acham?"...

A vida, em todas as suas pujantes manifestações, através dos reinos da Natureza, oferece-nos elementar entendimento da obra de Deus ao criar o Universo.

Pelo grau de importância astronômica do nosso planeta e sua colocação no "ranking" das grandezas celestes, e principalmente pelo incrível número de espécies vivas que abriga (algumas das quais com bilhões de "representantes", como a hominal), podemos conjecturar que há vida além da Terra – muita Vida!

Ficando, contudo, apenas onde nossos pés se firmam – aqui, no nosso mundo –, sabemos que a vida surgiu após os vertiginosos movimentos das águas e das fantásticas solidificações de matéria.

O calor abrasador ambiental do início, consequência das altíssimas temperaturas originais das massas em acomodação, acrescido do permanente influxo solar, cedeu lugar, aos poucos, a uma relativa estabilização térmica.

Assim, dois bilhões de anos passados desde sua origem, a Terra ofereceu condições para a ocorrência das primeiras combinações moleculares de elementos químicos mais leves, tais como: hidrogênio, sódio, magnésio, carbono, azoto, oxigênio, fósforo, cálcio, ferro etc.

Tais elementos, e muitos outros, iriam compor a argamassa de revestimento dos seres vivos que estavam por chegar...

Recentemente foi descoberto em um sítio próximo da cidade de *Marble Bar*, no oeste da Austrália, um grupo de 11 linhagens de micróbios fossilizados há cerca de 3,465 bilhões de anos. "Os fósseis ora achados assemelham-se às bactérias atuais (seres procariatas – os mais primitivos do planeta, desprovidos da membrana celular, que organiza o material genético da célula)".[2]

Obs.: Com isso, a Ciência "empurrou" em 1,3 bilhão de anos para trás a data do início da vida na Terra, pois, até então, 2,2 bilhões de anos atrás eram estimados como o começo.

Como se vê, são relativas as certezas científicas, pois, à medida que a tecnologia avança, mais o homem-pesquisador sente a grandeza divina, da qual tanto ainda estamos distantes...

Sabemos hoje que no átomo há incrível e permanente movimentação, pelo que morte, no sentido lato da palavra, não existe! Os seres vivos, quando deles se ausenta o princípio vital, desagregam-se

---

2. *Folha de S.Paulo*, 30 de abril de 1993. (N.A.)

molecularmente, permanecendo, contudo, a pujante vida atômica dos seus compostos.

Embora fazendo alusão à perfeita estética e funcionalidade dos dentes, não seria essa a verdadeira mensagem do Cristo ante o cão morto?

Quanto à Lua, em suas diferentes posições no espaço (variações denominadas fases), recebendo a luz solar, passou a refleti-la na Terra, interagindo decisivamente no clima terrestre.

O lar estava pronto...

Aí, nesse preciso ambiente, surgiu a vida!

Primeiramente, formas elementares de vida aquática: seres unicelulares.

Depois, em terra firme, plantas e animais superiores.

Hipoteticamente, há 65 milhões de anos, um grande meteoro teria colidido com a Terra, na região do México, provocando intensas nuvens de poeira. Essas nuvens formaram, durante anos, barreira intransponível aos raios solares e, sem fotossíntese, desapareceram da face do planeta várias espécies de plantas e de grandes animais (herbívoros, na maioria).

Relativamente à fotossíntese, convém refletirmos: trata-se de reação bioquímica nas plantas verdes, caracterizada pela absorção de carbono e liberação de oxigênio, em quantidades correspondentes.

Nesse processo, a luz é fator decisivo: estima-se que anualmente 20 bilhões de toneladas de carbono (da atmosfera) são fixadas pelas plantas terrestres e mais 15 bilhões pelas algas. Finalmente: todos os seres vivos são inteiramente dependentes dela.

Escoando-se os milênios, chegamos a um milhão de anos atrás: surge a espécie humana!

Outras centenas de milhares de anos foram necessárias para que o homem adquirisse a forma atual, através de transformações sucessivas.

Mas o maravilhoso fenômeno da vida, expressão divina que nos contempla e envolve a todos (plantas, animais e homens), merece que sejam alocadas nesta obra pequenas considerações, análises e proposições que a esse respeito o homem logrou alcançar.

A seguir, com o socorro da Química e da Física para a parte material e da Doutrina Espírita para a parte espiritual, vamos, talvez com ousadia (que rogamos ao Supremo Criador relevar), alinhavar os processos da vida.

Corpos inorgânicos

Corpos inorgânicos são aqueles desprovidos de vida (minerais, por exemplo). Segundo as hipóteses científicas aceitas relativas à origem da Terra, a massa que a originou era uma tremenda fornalha. Pelos movimentos de translação e de rotação, uniformes e de relativa intensidade, tendeu para a forma arredondada, ligeiramente achatada nos polos.

Ao longo dos milênios, essa fantástica caldeira espacial foi se resfriando, decantando as substâncias primitivas que se encontravam no ar, em estado gasoso. A precipitação dessas substâncias e o meio ambiente de então proporcionaram sua combinação, pela lei de afinidade molecular: formaram-se as diferentes variedades de carbonatos, sulfatos etc., que de início foram dissolvidos nas águas e depois depositados na superfície do solo.

A existência de grande quantidade de água em nosso planeta decorre de uma sábia programação dos Engenheiros da Espiritualidade Cósmica: pela afinidade recíproca entre o oxigênio e o hidrogênio, desde o início fomos contemplados com três quartas partes desse elemento – tanto o planeta como os seres orgânicos!

Essa programação já deixa entrever que os seres que iriam habitar a Terra a ela se assemelhariam quanto à sua constituição e nela encontrariam meios permanentes de sobrevivência.

Avançando o relógio do Tempo em 2 bilhões de anos terrestres, vamos encontrar o planeta Terra com meio ambiente adequado a hospedar seres vivos.

É indispensável o socorro da Química para a compreensão da Gênese: somente com as leis da afinidade molecular passou a ser possível compreender-se a formação planetária e o surgimento dos seres vivos.

Com efeito, demonstra a Química, numa das suas observações experimentais, que os corpos sólidos (inorgânicos, primeiramente) formam-se a partir da cristalização.

Cristalização*: fenômeno pelo qual se dá formas regulares a certas substâncias, quando submetidas a condições adequadas de pressão e temperatura, passando do estado líquido ou gasoso para o estado sólido.*

Seres orgânicos

Seres orgânicos são aqueles que possuem organismo (órgãos dispostos em seres vivos), isto é, possuem vida.

A lei que formou os minerais é a mesma que formou os seres vivos.

Decomposição e análise química dos seres vivos demonstram que são constituídos dos mesmos elementos dos seres inorgânicos.

Considerando que as diferentes proporções dos elementos constitutivos determinam a formação das diferentes substâncias (diversos minerais), assim também frutos, essências, folhas, madeiras etc., tanto quanto nervos, músculos, gordura, matéria cerebral etc., são formados pela combinação de determinados elementos.

Todos os elementos orgânicos (dos seres vivos) são formados de substâncias inorgânicas!

Em outras palavras: vegetais e animais são formados por átomos, tanto quanto os minerais.

Desde os primórdios da Alquimia e modernamente com os avanços tecnológicos colocados à disposição da Química, o homem vem criando diariamente novos produtos. Mas sempre usando os mesmos elementos constitutivos, variando tão somente as condições laboratoriais e as quantidades empregadas.

Vejamos alguns exemplos, na Natureza (índices percentuais):

ELEMENTO FINAL	CARBONO	HIDROGÊNIO	OXIGÊNIO
Açúcar de cana	42,470	6,900	50,630
Açúcar de uva	36,710	6,780	56,510
Álcool	51,980	13,700	34,320
Óleo de oliva	77,210	13,360	9,430
Gordura animal	78,996	11,790	9,305

(Fonte: *A Gênese*, Allan Kardec, cap. X, "Gênese Orgânica")

O açúcar de cana, submetido a processo de fermentação, transforma-se em álcool; esse, submetido ao processo de destilação, transforma-se em aguardente; essa, reagindo quimicamente no organismo humano, interage no metabolismo, modificando a química do sangue e das funções vegetativas; se resulta de início em fonte de calor para o corpo, tal "benefício" é aparente e enganoso, pois provoca danos físicos inumeráveis na ponta final das reações que estimula. E o que dizer das consequências psíquicas?

Obs.: – nesse simples exemplo já podemos perceber o quanto há de interligação entre nós e o mundo, eis que a utilização ou consumo de minerais (no caso citado, em infeliz combinação de processos) podem influenciar até o Espírito;

– noutro exemplo, este positivo, vemos que elementos constitutivos originais, em feliz combinação, promovem a evolução: todos os seres vivos tendem ao desenvolvimento físico, graças aos processos indutivos da sua assimilação e transformação; assim é que, pelos efeitos da nutrição, uma criança, por exemplo, pesando poucos quilos ao nascer, em alguns anos já terá multiplicado muitas vezes seu peso (assimilação ultrapassando a desassimilação); é que, além da multiplicação celular, ao recém-nascido incorporaram-se os alimentos, os quais pelos processos digestivos fazem aumentar em volume e resistência os músculos, nervos, ossos etc.

Como elementos básicos dos corpos orgânicos encontram-se o oxigênio, o hidrogênio, o nitrogênio e o carbono; os demais elementos existem em condições acessórias. As proporções de tais elementos determinarão as resultantes orgânicas e suas propriedades.

Fácil imaginar que as quantidades de elementos constitutivos conduzem ao infinito as quantidades e variedades das substâncias possíveis de serem criadas.

Indispensável, apenas, sempre considerar as condições de operação: circunstâncias propícias (temperatura/pressão/dinâmica/inércia).

A Natureza, nesse caso, é o imenso laboratório, que já a partir da criação planetária começou a promover condições para os seres que seriam seus futuros habitantes.

Em nossas considerações é preciso relembrar a necessidade de toda uma série sequencial de fenômenos físicos para que, em situações propícias, os elementos constitutivos se agreguem e formem as substâncias minerais e vegetais. Aí, num intenso trabalho de elaboração, pela lei das afinidades, as moléculas agitam-se, atraem-se, aproximam-se ou separam-se; das incontáveis combinações são formadas infinitas substâncias.

Plantas exuberantes na umidade ou no frio, ou mesmo sob as águas, sucumbem no calor tropical, tanto quanto a vegetação dos desertos jamais prolifera em regiões de baixa temperatura.

Pode-se imaginar quantos milênios levou a criatura humana para formar as plantações: se todos os vegetais conhecidos existiam na face terrestre, ajuntá-los em quantidades consideráveis (lavouras) há de ter sido tarefa paciente e tenaz, atributo exclusivo da civilização!

Animais vivem e proliferam em regiões ou locais adequados, sempre em razão das condições climáticas próprias a cada espécie; transferi-los para regiões que não ofereçam esses mesmos elementos ou condições ambientais é praticamente decretar sua morte.

Os vegetais e os animais têm seu "habitat" natural ordenadamente distribuído sobre a superfície terrestre ou nas águas. Para o homem, porém, a natureza foi mais pródiga, pois a criatura humana tem condições de adaptar-se aos diferentes meios ambientes, de frio ou calor, mesmo mudando bruscamente de latitudes; verdade que o relógio biológico humano necessita de algum tempo para tal adaptação, mas inegável que essa constitui tremenda vantagem sobre os demais seres vivos.

Mais uma vez pensamos na grandeza espiritual dos Construtores Siderais que assim fizeram o corpo humano, prevendo que grandes, dramáticas e constantes seriam as migrações...

Considerando a imutabilidade das Leis Naturais, não nos dificulta à razão deduzir que a organização dos seres vivos terrenos assim foi desde o início e assim o será até que a evolução espiritual trace novos sistemas de vida.

Notável o exemplo das sementes de trigo, que, encerradas por milênios no interior das grandes pirâmides egípcias, germinaram prontamente tão logo foram lançadas em terreno propício.

Seu princípio manteve-se inalterado o tempo todo!

Sem aprofundarmos tais considerações, o que nos conduziria a desvios do texto, lembramos que os "bancos de esperma e de óvulos" reproduzem de forma artificial e similar aquele fato natural...

Fluido Cósmico ("Sopro Divino")

Jamais uma pequenina semente, uma simples formiga ou qualquer outro inseto podem ser criados num laboratório; no entanto, a Química atual realiza prodígios científicos de composição, decomposição e reconstituição de corpos inorgânicos.

– O que impede à Ciência tal evento, aparentemente tão corriqueiro?

Nesse ponto torna-se indispensável o socorro providencial das informações de alto conteúdo moral e filosófico, apresentadas por Espíritos Protetores.

O livro *A Gênese,* de autoria de Allan Kardec, cuja primeira edição foi publicada em 1868, na França, é obra de consulta obrigatória a quem quiser adentrar no entendimento de tão atraente assunto.

Com propriedade e de forma altamente pedagógica são ali expostos todos os pontos que interligam o *material* ao *espiritual*: o que faz com que a matéria tenha vida!

Como resposta-resumo (e quase todos os resumos pecam por insuficiência) podemos citar dois pontos, ambos de ordem filosófica, ditados pelo Espírito Galileu, através de processo mediúnico, em 1862 e 1863, na Sociedade Espírita de Paris:

Matéria cósmica primitiva[3]

A origem do Universo está absolutamente fora do conhecimento humano.

Sabe a Ciência que, antes de nosso sistema solar, outros já existiam.

A Eternidade está atrás e adiante de nós!

Sem atribuir a Deus o "Princípio de Tudo", não há como formular quaisquer elucubrações ou ilações referentes à Gênese Universal.

Assim, só encontraremos calmante à questão da origem, aceitando Deus como causa primeira e inteligência suprema do Universo, Criador permanente de tudo e de todos!

Permeando todos os espaços interplanetários, não deixando um único e mínimo espaço vazio na vastidão dos espaços siderais, vamos encontrar o "Fluido Cósmico Universal", que emana do Criador e proporciona todas as criações, presidindo a Vida, em seu estado latente, a todos os seres.

Obs.: o átomo talvez seja pequena demonstração do Sopro Divino: todos os átomos têm núcleo e carga positiva, rodeados de elétron(s), esse(s) em

---

3. *A Gênese*, Allan Kardec. cap. 6. Uranografia geral, item 17.

órbita nuclear estável; dentro dessa realidade, muitas vezes, neles, não existe a morte; permitindo-nos ligeira e respeitosa abstração, imaginamos que Jesus, já então conhecedor dessa verdade, teria elogiado os dentes do cão morto, como poderia ter elogiado igualmente o impressionante ativo dos átomos que formavam aquela matéria que se transformava, retornando à origem...

Princípio Vital

O estado latente da matéria, orgânica ou inorgânica, não importa, é que proporciona condições para a geração da vida, seja no mundo que for.

À vida atômica, sempre presente em tudo, alia-se outra forma de energia a que Kardec denominou de "Princípio Vital".

Princípio vital: é o princípio energético pelo qual os elementos constitutivos se agrupam, em formas simétricas, o que explica a repetição das mesmas formas nos seres de uma mesma espécie – plantas e animais.

Ainda em *A Gênese*, cap. VI, número 18, em mensagem mediúnica, diz-nos o Espírito Galileu (e essa informação algumas tradições religiosas corroboram) que existem outros reinos naturais de vida, além dos conhecidos, dos quais nem suspeitamos.

– Que reinos naturais seriam esses?

Como simples especulação:

– seriam os duendes, as fadas, os gnomos?

– seriam os chamados "elementais naturais"?

O aspecto mais importante do princípio vital é o fato de ser comum a todas as espécies orgânicas, vegetais e animais, *enquanto vivas*. Sua existência é indiscutível, conquanto sua natureza não possa ser cientificamente definida:

- basta arrancar uma simples folha de uma árvore, e essa folha já não o possui;

– o fenômeno da morte não subtrai nenhum material do ser, no entanto ele se torna inerte (sem vida).

Mecanismo pelo qual a vida se processa, certamente de forma infinita e eterna como tudo o que provém de Deus, o princípio vital nos permite deduzir que, ante o que a Natureza nos mostra, o Supremo Arquiteto do Universo criou sempre – antes, agora, depois – incessantemente!

Roga Galileu que ninguém baseie sistemas quaisquer sobre suas palavras.

"Minhas palavras" – continua humilde – "não se prestam a edificar raciocínios metafísicos, preferindo mil vezes calar-me antes de que alguém me ouça e se perca nos dédalos inextricáveis do deísmo ou do fatalismo".

Fazendo coro a tal advertência, posiciona-se Kardec quanto a tudo o mais, no tocante à Fé: "Somente é inabalável a fé que pode encarar a Razão face a face, em todas as épocas da Humanidade".[4]

Coroando todos os esforços humanos na busca da origem das coisas, o Espiritismo abre cortinas para o entendimento de tão transcendental questão.

Apoiando seus postulados na Lógica, estimula o homem a apoiar-se no Espírito tanto quanto na Ciência, para, unidos os dois vetores, acatar Deus de forma raciocinada, o que propende o ser a amá-Lo integralmente.

A propósito, a Ciência já considera incontestável quanto aos seres orgânicos:

a) diferem fundamentalmente dos inorgânicos por possuírem uma energia, uma força, que lhes confere o fenômeno denominado vida;

---

4. *O Evangelho Segundo o Espiritismo*, Allan Kardec, cap. 19, Item 7, p. 213, 1. ed. 1997, Petit, SP/SP.

b) quando essa "força" está ausente ocorre o fenômeno chamado morte, pelo qual se deterioram e se decompõem;
c) todos possuem essa "força", a qual independe dos atributos "instinto", "inteligência" e capacidade de pensar;
d) inteligência e capacidade de pensar são atributos apenas da espécie superior – os homens;
e) espécies inferiores – animais irracionais – possuem instinto altamente desenvolvido, porém, apenas fragmentos de inteligência, a qual não lhes é contínua, isto é, não se encadeia para a solução de problemas; nos vegetais, igualmente, nota-se a presença do instinto: no direcionamento para a luz, por exemplo;
f) os homens igualmente possuem instinto, mas pouco desenvolvido, já que a inteligência lhes supre em muito maior escala as suas necessidades;
g) a espécie humana, dentre todos os seres vivos, é a única que possui um senso moral especial, pelo qual seus procedimentos podem ser direcionados, a seu arbítrio, para o bem ou para o mal;
h) todos trazem em si, como bagagem, o instinto de conservação e da perpetuação da própria espécie;
i) todos evoluem, aprimorando-se geneticamente, adaptando-se às eventuais transformações do meio ambiente (tais adaptações são lentas, mas inexoráveis, pois que delas depende, muitas vezes, a própria sobrevivência da espécie; quando o meio ambiente sofre mudanças bruscas, os animais guiam-se pelo instinto, migrando para regiões adequadas, retornando, tão logo seu "habitat" natural volte às condições anteriores; a hibernação, para alguns animais, é outro processo que garante a continuidade da vida).

— 5 —

O ESPÍRITO

Considerados os seres inorgânicos e orgânicos, é patente que ambos têm os mesmos elementos constitutivos.

Termina aí sua similaridade.

Os seres orgânicos diferem profundamente dos inorgânicos por possuírem o "Princípio Vital".

Contudo, focalizando agora apenas os seres orgânicos, verifica-se que entre eles também ocorrem diferenças intrínsecas de grande expressão: no topo evolutivo das espécies vivas encontra-se o homem, cujos indivíduos, além da matéria inorgânica, do princípio vital, do instinto, da inteligência e de senso moral especial, possuem, como maior diferencial, o Espírito.

À questão número 597 de **O Livro dos Espíritos**, *Kardec consigna, ouvido o Espírito de Verdade, que os animais também possuem alma, mas "há entre a alma dos animais e a do homem tanta distância quanto entre a alma do homem e Deus"...*

(Essa comparação é fortíssima e é com todo o respeito que opinamos – apenas opinamos – que a ideia foi reafirmar a grandeza de Deus)

O Espírito é o princípio pelo qual a vida prossegue após a morte.

Como esse princípio é inteligente, elimina o acaso, exclui a coincidência, desmascara a fraude e confirma que algo do corpo humano subsiste quando desse corpo se ausenta o princípio vital, ou, numa linguagem popular: quando morre.

- Se a princípio, por volta de 1850 (à época de Kardec), as mesas girantes comprovaram essa subsistência;
- Se, hoje, mensagens mediúnicas psicografadas por médiuns de inatacável estatura moral, como Francisco Cândido Xavier, confirmam recados a familiares de pessoas desencarnadas;
- Se a Parapsicologia busca explicar com novos rótulos (sofisticados e ao gosto dos materialistas de plantão) aquilo mesmo que o Espiritismo já expôs há mais de cento e trinta anos com tanta simplicidade;
- Se, independente do que pensam sábios e ignorantes, fanáticos ou incrédulos, místicos ou experimentalistas, o sobrenatural se manifesta de forma irrefutável em todos os quadrantes mundiais...

Então, há de haver, como realmente há, algo indecifrado, impalpável e de origem desconhecida, que sobrevive à decomposição do corpo físico: o Espírito!

É tão grande e coerente a literatura espírita quando trata do Espírito, que nos dispensamos, neste trabalho, de nos alongar sobre o que ele seja.

Sobre o Espírito, imortal, digam uns e outros o que disserem e pensem o que quiserem, parafraseando Galileu Galilei, afirmamos: "Mas que ele existe, existe!"

45

E, por falar em Galileu, façamos uma última consideração comparativa sobre a existência do Espírito:

– Em 1845, o astrônomo francês Urbain Le Verrier (1811-1877) percebeu perturbações, até então inexplicadas, no movimento do planeta Urano. Fazendo vários cálculos (!), de sua prancheta deduziu a existência de um planeta, ainda desconhecido, que justificava as anomalias de Urano, determinando com precisão a órbita do até então ignorado corpo celeste.

Um ano após, o astrônomo alemão Galle, de posse das informações de Le Verrier, observou o planeta efetivamente no lugar indicado.

Estava descoberto o planeta Netuno!

Nossa consideração é no sentido de que muitos observam os vazios incomensuráveis da vastidão celestial e *a priori* julgam ali nada existir. Da mesma forma, muitos há que por não conseguirem apalpar Espíritos preconizam sua inexistência.

Conclusão: precipitado e temerário é voltar as costas para o desconhecido, por julgá-lo insondável ou desprovido de interesse. Nem sempre nossos olhos nos mostram tudo...

Tanto quanto os astrônomos, consideradas as leis de conjunto, realizam maravilhas do cálculo, "vendo" corpos celestes onde se supõe só existir o vácuo, assim também os Espíritos bondosos, considerada a obra de Deus, trouxeram desde sempre notícias do Espírito e da vida espiritual – invisível e impalpável para nós (os encarnados), mas nem por isso irreal.

SERES VIVOS

Origem

Religiosos, filósofos e cientistas, buscando conciliar evolução e religião, formam teorias diferentes dentro do inextricável tema "origem dos seres vivos".

Há a corrente dos *criacionistas* e a dos *acriacionistas*.

Entre os criacionistas, admitem uns a doutrina que aceita terem os seres vivos e outras coisas do universo sido criados por Deus, nos estreitos termos relatados pela Bíblia; outros entendem que a criação de algumas formas evoluiu para outras.

Quanto aos acriacionistas, os entes se formaram por si mesmos a partir de elementos preexistentes (só não dizem quem teria criado esses elementos...).

Em seu livro *A Galinha e seus dentes*,[5] o biólogo e paleontólogo norte-americano Stephen Jay Gould (1941-2002) elaborou pródigos ensaios sobre saborosos enigmas:

---

5. Obra publicada pela Editora Paz e Terra, SP/SP – (N.A.)

- a zebra seria um cavalo branco com listras pretas ou seria um cavalo preto com listras brancas?
- por que as girafas têm pescoço comprido?
- como podem certas moscas desenvolver pernas na boca?
- por que as galinhas não têm dentes, se várias aves fossilizadas os tinham?

Gould admite a limitação do saber científico e adverte que uma teoria completa da evolução precisa levar em conta o equilíbrio da força do ambiente externo e a força genética interna. Sua obra é toda apresentada na moldura do saber, mas com bom humor; nesse estilo, resgata e desenvolve questões cruciais da teoria evolucionista, cuja unanimidade fica mais distante, quanto mais progride a Ciência.[6]

Esse mesmo cientista, num instante de inspirado humor, relembra, em um dos seus ensaios para a revista *Natural History* a resposta do britânico J. B. S. Haldane (1892-1964), quando questionado sobre o que lhe revelava a observação da natureza, quanto ao Criador: "uma predileção imoderada por besouros".

Sabemos que os besouros pertencem à classe dos coleópteros, insetos que apresentam a maior quantidade de espécies entre os seres vivos – mais de 300 mil!

E sobre eles, os besouros, consta que, como incentivo à criatividade, uma grande multinacional norte-americana mantém afixado um quadro em todas as suas fábricas, com os mesmos dizeres: "Pelas leis da aerodinâmica, os besouros não poderiam voar...".

Embora repetitivamente, sempre será necessário entender que a origem das espécies é um dos incontáveis fragmentos da Sabedoria Divina, a que a humanidade terrena não tem o mínimo acesso.

---

6. Estas notas foram extraídas da revista *Veja*, 17 de Junho de 1992. Foram acrescidas de comentários nossos (N.A.)

Podemos, tão somente, conjeturar que apenas os Espíritos Puros adentrem em tão instigante mistério.

Roteiros Evolutivos

Homens

Sem pieguismos, sem soluções simplistas, menos ainda com teorias mirabolantes ou esdrúxulas, ocorre-nos que temos aqui uma situação muito parecida com a que Freud vivenciou: o "Pai da Psicanálise", como era conhecido o festejado médico austríaco, levou a vida toda laborando cientificamente sobre a alma humana – a psique; não conseguiu transpor a barreira que separava suas descobertas da explicação dos mistérios humanos, atávicos, transcendentais...

– Que barreira seria essa?

– A Reencarnação!

Com seus postulados recheados de lógica, de bom senso e de sabedoria, a Reencarnação escancara para o presente a "face oculta" da alma – o passado, as vidas pregressas! A luz se faz, e onde havia perguntas e dúvidas tudo se esclarece: a Evolução, a bordo das vidas sucessivas, é bênção do Criador que a todas as criaturas contempla.

Ao adentrar na racionalidade, os Espíritos agora possuem: inteligência; livre-arbítrio, isto é, liberdade de ações (para o bem ou para o mal); a consciência, bússola segura para a rota evolutiva; finalmente, responsabilidade, e colherá na medida exata do que plantar.

Instintos, embora atenuados, são mantidos.

De vida em vida, evoluirão incessantemente até que, depurando-se, serão virtuosos, amando a Natureza e por igual a todas as criaturas de Deus.

Esse, o roteiro dos anjos...

Animais

Quanto aos animais, parcela maior do nosso tema, os Mensageiros Celestiais já nos deixaram várias informações, sendo-nos justo pensar que evoluem dentro das espécies: equídeos, bovídeos, felídeos etc.

Espíritos Engenheiros Siderais, altamente credenciados por Jesus, realizam no Plano Espiritual, nos diferentes corpos espirituais dos indivíduos selecionados em cada espécie, as necessárias modificações ou transformações; assim, acréscimos ou subtrações de caracteres morfológicos ou biológicos adaptam os organismos às mudanças do panorama terrestre. Com isso, as espécies se compatibilizam com a nova realidade geológica que o Tempo se encarrega de administrar, também com transformações periódicas.

Esse, o roteiro para o reino hominal!

Funções

Vegetais

Têm tríplice função:

– purificação do ar, pela fotossíntese;
– alimentar seres vivos;
– curar enfermidades, de homens e animais.

Já no Velho Testamento, em Ezequiel, 47:12, encontramos:

"... E o seu fruto servirá de alimento, e a sua folha, de remédio".

A grande variedade da flora mundial, precedente aos animais, por si só demonstra, conquanto desnecessário, a Sabedoria e a Bondade do Criador para com as criaturas que iriam habitar a Terra.

Os vegetais possuem todos os elementos nutritivos de que homens e animais necessitam para sua sobrevivência.

Micróbios

O termo micróbio inclui: bactérias, riquétsias, protozoários, muitos fungos, algas, vírus. São seres unicelulares, microscópicos ou ultramicroscópicos.

Podem ser:

- patogênicos: que provocam doenças;
- saprófitos: desenvolvem-se em seres vivos, nutrindo-se de matéria orgânica morta, sem causar doenças.

Desempenham importantíssima e indispensável função na natureza: a desintegração das matérias orgânicas mortas (vegetais e animais); após serem desintegradas, elas retornam ao solo, onde vão formar novas substâncias e igualmente originar novas plantas, que por sua vez alimentarão novos animais.

O que seria do mundo se os cadáveres não se desintegrassem?

Teríamos um tétrico e insuportável panorama sobre a terra e nas águas...

E o solo não teria a renovação de substâncias que o fertilizam.

Em nosso próprio organismo essas operações ocorrem, pois em muitos casos há micróbios transformando matérias e alimentos: auxiliando na digestão e desintegrando a celulose dos vegetais.

No caso dos seres saudáveis, essa transformação proporciona e mantém a harmonia orgânica; seres doentes, ao contrário, estão com tal sistema em desequilíbrio, e, como em quase tudo (ar, água, alimentos) há micróbios – nocivos e úteis –, com facilidade têm agravado o seu estado mórbido, diante da maior proliferação desses micróbios.

Quando no organismo os micróbios se multiplicam perigosamente, pela presença excessiva de matéria morbosa (que causa doenças), entram em ação numerosas glândulas, que os expulsam, através dos órgãos de eliminação.

Quanta sabedoria na existência dos micróbios!

Animais

Foram colocados na Terra, muitos deles ao lado dos homens, para evoluir.

Sua transformação em alimento humano é terrível equívoco, porque sua carne é de teor alimentar deficiente e prejudicial.

A deficiência reside na insuficiência de vitaminas, sais minerais e hidratos de carbono.

E é prejudicial porque nela estão contidas substâncias venenosas, tais como: ácido úrico, creatina, creatinina, purina, xantina etc.

Ao crer em Deus, Arquiteto do Universo, mantido por Ele em dinâmica permanente mercê da vida, o homem desde sempre intuiu que os fenômenos naturais, do nascimento à morte, seguem o inexorável curso da Evolução.

Leis Divinas, sobre as quais Kardec tão bem discorreu em *O Livro dos Espíritos*, balizam todos os ciclos de todos os atos dos seres vivos, principalmente do homem, atribuindo-lhe maiores responsabilidades; pois, dentre todos os demais seres vivos daqui do nosso querido mundo, somente a ele é concedido o equipamento da inteligência e do livre-arbítrio.

Assim, necessariamente, o homem não tem direito sobre a vida do próximo, seja ele de que espécie for.

- 7 -

OS ANIMAIS
E O PROGRESSO

Se o homem auxilia na evolução dos animais, quando lhes dispensa proteção, respeito e amor, com isso reduzindo ou mesmo eliminando suas naturais reações selvagens ou instinto agressivo – se tudo isso é verdade –, não menos verdadeiro é que sem os animais a vida humana não estaria no nível de conforto atual.

Em termos de Evolução, bem maior é o débito da humanidade para com os animais do que o crédito que lhes temos dispensado para seu bem-estar e progresso espiritual.

Exporemos a seguir alguns detalhes da convivência homem-animal.

Bovinos

São os animais que, em maior número, são criados e sacrificados, transformando-se, quase sempre com crueldade, em alimento humano.

O boi não rende só bifes. Antes mesmo de ser abatido, ele deixa no curral do frigorífico o esterco, empregado como adubo ou transformado em biogás. O próximo subproduto é coletado na sala de matança: 12 quilos de sangue, utilizados para a fabricação de fertilizantes, colas, espumante para extintor de incêndio e ração animal... e como ingrediente de biscoitos, para combater anemia de crianças. O sangue é ainda aproveitado no preparo de embutidos (salsicha, linguiça, salame, mortadela, etc.), vacinas e albumina.

As tripas servem para acondicionar esses embutidos e também para produzir cordas de raquetes de tênis, que protegem os cotovelos dos tenistas mais que as cordas sintéticas, pois cedem mais e retornam mais rapidamente à posição de origem.

Com as patas dianteiras do boi se faz o mocotó. Das traseiras se extrai o óleo de mocotó, usado como lubrificante. Os ossos das patas se transformam numa gelatina especial para a fabricação de sorvetes e filmes de raio X.

Cascos e chifres, ricos em nitrogênio, se prestam à produção de fertilizantes e também à confecção de botões e pentes. O couro vira calçados, malas, bolsas e roupas.

Da glândula hipófise saem vários hormônios, aproveitados pela indústria farmacêutica. O extrato da glândula pineal (epífise) é usado no tratamento de esquizofrenia. Do abomaso – "estômago verdadeiro" – se retira a renina, "coalho" utilizado pelos laticínios.

Os pulmões e principalmente o fígado fornecem a heparina, um anticoagulante empregado no tratamento de problemas vasculares.

A indústria de pincéis usa pelos das orelhas e da cauda. As fábricas de sabão ficam com o sebo, do qual também se extrai a glicerina, usada em explosivos.

Um dos subprodutos mais valiosos é o cálculo biliar, normalmente contrabandeado para o Oriente, onde se transforma em remédios contra o "câncer".[7] (Ufa!...)

---

7. Alguns dados foram extraídos do jornal *Folha de S.Paulo*, de 15 de janeiro de 1991. (N.A.)

Dizem muitos que "do boi nada se perde, a não ser o berro".

Discordamos. Quem pensa assim talvez nunca tenha visto como uma boiada é tangida: tranquilizando os animais ao imitar mugidos, o berrante, chegando quase a sons sagrados, vai à frente. É indispensável à harmonia do deslocamento da boiada; isso, sem contar os malabarismos sônicos dos berrantes nas festas rurais...

Cavalos

Foram domesticados três mil anos após o carneiro, a cabra, o porco, o boi e o cachorro. Sua domesticação se deu na Ásia e na Europa, sendo importantíssimo fator no desenvolvimento dessas milenares civilizações.

Desde o início foram usados nas guerras e nos torneios aristocráticos e em desfiles de ostentação social.

Os cavalos da raça árabe existem há cinco mil anos e são considerados os ancestrais de outras raças, como o "quarto de milha" e o "mangalarga". São cavalos rústicos e versáteis, aptos para provas de hipismo e lida de gado.

Posteriormente, vencendo preconceito dos camponeses, passaram a substituir o boi nos trabalhos de carga, de sela, de atrelamento (carroça, charrete, máquinas agrícolas etc.) e em moinhos.

Com a motorização da agricultura, quase se extinguiu a civilização do cavalo: nos EUA, antes da Segunda Guerra Mundial (1939-1945), e na Europa, após.

Em 1984 o rebanho equino do Brasil era estimado em 5,4 milhões de cabeças. Atualmente nosso país possui o maior rebanho de equinos na América Latina e o terceiro mundial. Somados aos muares (mulas) e asininos (asnos) são 8 milhões de cabeças.

Os ancestrais fósseis do cavalo provam que sua evolução lhe deu:

- maior tamanho, na maioria das raças;
- redução em algumas raças;

- desaparecimento dos dedos laterais;
- crescimento do dedo médio;
- dentição: pré-molares tornaram-se molares, e os caninos desapareceram.

Herbívoro (após a perda dos caninos?), forte, veloz, em nada o cavalo depende do homem. Ao contrário: asseguram os historiadores, naturalistas e pesquisadores, em geral, que sem o cavalo o mundo não teria alcançado o progresso atual.

Indeclinável admitir que Deus, Criador de tudo e de todos, situando o cavalo na Terra o fez para que o animal, com sua força, alavancasse o progresso humano.

Nem poderia ser outra a razão para que os cavalos sofressem tantas mutações genéticas, desde seus ancestrais.

Capazes de se deslocar em qualquer terreno, atualmente persiste sua utilização nas propriedades agrícolas, principalmente no Brasil, onde dois terços das fazendas são pequenas, não comportando tratores.

Ao se domesticar, o cavalo põe à mostra um comportamento de submissão, provando decisivamente que o relacionamento entre seres vivos não se norteia pela "lei do mais forte", mas pelo mútuo respeito.

São tão fiéis os cavalos, que se igualam aos cães de estimação, demonstrando satisfação na presença dos seus donos.

A melhor forma de demonstrar gratidão a Deus, por ter doado à humanidade mais um maravilhoso presente – os cavalos –, é tratar esses animais com respeito e afeto, jamais os sobrecarregando ou maltratando.

Elefantes e Camelos

Fortíssimos e dóceis, de grande resistência, vêm ajudando o homem; os primeiros, nos transportes de pesadas cargas, e os segundos, nos deslocamentos árduos pelos desertos.

Os elefantes, asiáticos ou africanos, são vegetarianos e sociais; somente a espécie indiana pode ser domesticada. Em algumas situações, na falta natural de alimento (distúrbios no ecossistema, provocado geralmente pelo homem), podem os elefantes invadir plantações.

Quanto aos camelos apoiam-se bem sobre a areia graças às patas providas de dedos muito largos. São ruminantes. As corcovas no dorso são uma reserva de gordura que lhes permite jejuar por vários dias. Quando apresentam uma só corcova tomam o nome de dromedários. O camelo pode ficar bastante tempo sem beber água, graças à temperatura interna que varia de 30ºC à noite até 41ºC durante o dia, tornando a transpiração desnecessária à pequena quantidade de urina e à passagem de todas as reservas de água do corpo para o sangue. Resiste notavelmente ao frio! Fornece lã, couro, leite, carne, gordura, e até mesmo seu excremento é utilizado como combustível.

Caprinos

Mansos, fornecem agasalho contra o frio, leite e a própria carne para alimentar o homem.

Em 1986, o rebanho caprino do Brasil era estimado em cerca de 8 milhões de cabeças.[8]

A caprinocultura e a ovinocultura têm se destacado no agronegócio brasileiro. A criação de caprinos conta atualmente (2015) com rebanho estimado em 14 milhões de animais.

Cães

Animais domésticos por excelência, de inúmeras raças, impossível de serem descritas, em razão das extraordinárias diferenças introduzidas entre elas pela criação e seleção. Em tamanho e peso,

---

8. Revista *Guia Rural*, abril de 1986, p. 180. (N.A.)

elas vão desde o "chihuahua" (de 19 a 20 cm, 1,5 kg) ao "São Bernardo" (quase 1 m na cernelha – fio do lombo – 100 kg).

Acredita-se que o cão descenda do lobo e do chacal, espécies com as quais é capaz de se cruzar perfeitamente.

Foi domesticado pelo homem desde a pré-história, prestando-se atualmente a incontáveis tarefas, desde guarda (aguda noção de território), vigilância de rebanhos, tração de trenós, caça, orientação a cegos, competições (corrida de galgos), ou simplesmente como companhia.

Seu amor e fidelidade ao dono excedem todos os parâmetros comparáveis a outros animais domésticos.

No Caderno "Ciência" do jornal *Folha de S. Paulo*, de 17 de outubro de 1993, vimos:

Cachorros

Pessoas que vivem com cachorros têm quatro vezes mais probabilidades de sobreviver a um infarto do que as que não têm nenhum animal doméstico. A afirmação é do psicólogo Erhard Olbrich, num congresso internacional de veterinários em Berlim na semana passada. Olbrich diz que a companhia de um animal faz as pessoas se sentirem menos sós e mais seguras. Além disso, os donos são obrigados a fazer exercícios e ter vida mais ordenada.

Gatos

Acredita-se que os gatos foram domesticados pelos egípcios, em razão de sua natural facilidade para caçar ratos, os predadores dos grandes armazenamentos de alimentos (as colheitas eram guardadas para suprimento no período de seca do Rio Nilo). Após sua morte, eram objeto de culto, sendo mumificados, passando a pertencer à deusa Bastet, divindade da Lua, protetora das crianças e da família. Quem matasse um gato respondia com a vida por esse grave desrespeito.

Depois foram levados para a Europa.

Possuindo excelente visão noturna e extrema agilidade, prestam-se admiravelmente à caça; para os gatos quase não há obstáculos invencíveis. Tais qualidades fazem dele um animal independente, o que nem sempre é bem aceito pelo homem. Isso fez com que na Europa da Idade Média, em contraposição aos costumes egípcios, quem gostasse de gatos fosse condenado a morrer na fogueira com o animal (isso porque diziam que as bruxas existiam, e os gatos eram acusados de ajudá-las nas feitiçarias, nascendo aí, talvez, a superstição de que "gato preto" dá azar).

Diz uma lenda anônima islâmica que Maomé tinha um gato chamado Muezza. Os dois nunca se separavam. Um dia, Maomé deitou-se no chão para descansar, Muezza se enroscou dentro de sua manga e dormiu. Maomé acordou. Precisava fazer suas orações, mas sentiu pena do gato, que dormia um sono profundo. Cortou o pedaço de sua manga onde o animal se aninhava, acariciou seu pêlo com cuidado e saiu. Deus, que assistia a tudo, ficou comovido com a amizade de Maomé e Muezza. Decidiu proteger o gato: deu a ele a capacidade de saltar com perfeição e de sempre cair em pé, em cima de suas quatro patas...

Os gatos, na verdade, gostam muito de carinhos e sempre retribuem; só que quando querem, e nunca quando a isso são obrigados.

Na Itália, a ENPA (Entidade Nacional de Proteção dos Animais) propôs ao governo que os presidiários tivessem um gato, com isso diminuindo a hipertensão e aliviando o maior mal dos detentos – a solidão.[9]

NOTA ESTATÍSTICA RECENTE:

O IBGE (Instituto Brasileiro de Geografia e Estatística), na Pesquisa Nacional de Saúde realizada em 2013, incluiu levantamento de quantos cães e gatos existem nos lares brasileiros. O resultado,

---

9. "Ansa", jornal *A Cidade*. Ribeirão Preto, São Paulo, 14 de março de 1993. (N.A.)

inédito: de cada 100 famílias, 44 criam cachorros, enquanto que só 36 têm crianças.[10]

Nessa mesma pesquisa ficamos sabendo que em nosso país existem 52 milhões de cães, contra 45 milhões de crianças de até 14 anos... Situação proporcionalmente igual à dos EUA e do Japão.

Isso acontece porque os animais de estimação preenchem o vazio nos lares onde há poucas crianças (tendência dos países mais desenvolvidos) ou poucas pessoas (geralmente só o casal) – seja porque os filhos (poucos...) já se mudaram ou porque o residente é solitário.

Em 2014 existiam no Brasil 52,4 milhões de cachorros e 22,1 milhões de gatos. Já nos EUA o número de gatos era superior ao de cães: 74,3 milhões de gatos e 72,4 milhões de cães.

Paralelamente a esses elevados números, o mercado de *pets* faturou, só no Brasil, 7,2 bilhões de dólares.[11]

O atual grande número de animais de estimação (*pets*) se deve, talvez em grande parte, aos avanços da medicina veterinária, que nas últimas décadas progrediu extraordinariamente, resultando aos animais de estimação praticamente o dobro do seu tempo de vida. O tempo médio de cães nos anos 80, por exemplo, era de nove anos; em 2015, dezoito anos!

Em nossa opinião, o fantástico aumento de animais de estimação sinaliza que o homem cada vez mais vai se aproximando de um tempo futuro em que todos os animais serão amados e respeitados.

Encerrando essa pequena nota estatística, vários artigos especializados e pesquisas demonstram: quem tem um animal doméstico – e convive e trata dele com amor e respeito – colhe melhor qualidade de vida pela reciprocidade do amor doado e recebido.

---

10. IBGE, segundo publicação na p. 71 da Revista VEJA nº 2429, de 10 de junho de 2015. (N.A.)
11. IBGE, segundo publicação na p. 74 da Revista VEJA nº 2429, de 10 de junho de 2015. (N.A.)

E sob todos os pontos de vista de cidadania e amor à Natureza, aquele que acolhe um animal abandonado e trata-o com carinho, indubitavelmente, é um homem de bem.

Aves

Em geral, fornecem alimentos: ovos e a própria carne. Pássaros engaiolados, à guisa de "proteção" (falso argumento de que soltos não sobreviveriam), constituem inconcebível equívoco, senão maldade.

Como restringir o céu a menos de 0,5 m^3? Isso é prisão perpétua... para inocentes. Não dá!

Marsupiais

"Marsúpio" é o nome que os zoólogos deram a uma espécie de bolsa junto ao corpo, existente em alguns animais, para carregar filhotes.

Dos marsupiais existentes em quase todo o mundo, o mais conhecido é o canguru australiano: até bem pouco tempo era uma espécie em extinção e, por isso, passou a ter proteção especial, na Austrália. Porém, atualmente, o país tem 7 milhões desses animais (apenas no Estado de Nova Gales do Sul), essencialmente herbívoros.

Após debates que duraram três anos, a Austrália aprovou uma lei que permite o consumo de canguru. Houve apoio decisivo dos fazendeiros, os quais alegam que esses animais estão provocando devastação nas plantações.

O número de cangurus é cuidadosamente monitorado na Austrália: existe um equilíbrio entre a necessidade de conservar as várias espécies e as demandas dos proprietários de terras. Se houver escassez de comida, o gado poderia passar fome, pois os cangurus se movem com mais facilidade e podendo escolher o melhor alimento.

O abate comercial de espécies de cangurus abundantes contribui para a sustentabilidade do meio ambiente australiano.

As quatro espécies de cangurus que são caçadas comercialmente têm populações muito vastas, e nenhuma delas está ameaçada ou em risco de extinção. O canguru vermelho, o canguru cinzento do leste e o canguru cinzento do oeste são as espécies mais abundantes e constituem mais de 90% da caça comercial. A dimensão do conjunto das suas populações tem flutuado entre os 15 e os 50 milhões de animais ao longo dos últimos 20 anos nas áreas de caça, dependendo das condições sazonais.

Por 40 mil anos o canguru fez parte da dieta dos aborígenes australianos.[12]

NOTA

Os cangurus são considerados verdadeiros fósseis vivos, assim como as demais espécies animais de marsupiais. São muito antigos e primitivos quanto à estrutura. Os milhões de anos não os destruíram nem eles destruíram "as plantações"; agora, ironicamente, devem morrer para alimentar homens que destruíram sua fonte de alimentação, interferindo danosamente no ecossistema...

Peixes

Há controvérsia entre os próprios cristãos e entre os espíritas, em particular, se os peixes devem ou não constituir alimento.

Jesus indicou a Simão (e este a outros desanimados pescadores) o local exato do Lago Genesaré, onde havia um cardume, proporcionando-lhes pesca abundante (Lucas, 5: 1-7):

  a) Jesus sabia exatamente onde havia peixes, explica-o Kardec em *A Gênese*, cap. XV, nº 9: pela superioridade do Mestre, possuidor da "dupla vista" (material e espiritual), em grau supremo;

---

12. *Folha de S. Paulo*, 2 de maio de 1993. (N.A.)

b) Citando essa superioridade espiritual, os que são favoráveis ao consumo de peixes tomam Jesus por seu aval, já que, se tal fosse incorreto, Ele não os incentivaria...;

c) Já os contrários à ingestão de peixes consideram que a "pesca maravilhosa" foi um evento episódico, verdadeiro chamamento moral, não só para aquele que passaria a ser o "pescador de almas", como também para os milhares e milhares de testemunhas oculares da mesma; "até porque", argumentam, "não há registro de que Jesus tenha jamais se alimentado de peixes"...

Kardec, tratando da "Gênese Orgânica" da Terra, no cap. X de *A Gênese*, tece preciosas observações sobre os seres vivos – peixes inclusive – contrapostas a tal assertiva.

Tateando tal assunto, cujo domínio a Deus pertence, sentimos dificuldades em excluir os peixes do reino animal, para também excluir-lhes Espírito, mesmo que rudimentar; além de biologicamente qualificados nesse reino (o animal), vemos que como tal os peixes possuem instintos, nascem, vivem, procriam, morrem...

Os peixes possuem encéfalo (parte do sistema nervoso) e são animais de sangue frio. Algumas pesquisas laboratoriais já estão sendo feitas, particularmente relativas à sua gordura, hormônios e lipoproteínas. Os nutricionistas modernos consideram ótimos para a dieta humana o peixe e os frutos do mar. Os óleos dos peixes e os frutos do mar são ricos em ácidos graxos, além de vitaminas A e D, proteína de alta qualidade e minerais úteis.

– Afinal, os peixes sofrem?

Pelo que tem sido consubstanciado por estudos levados a cabo nomeadamente por cientistas ingleses, a resposta é simples: sim, os peixes sofrem. Enquanto criaturas do reino animal, dotadas de um sistema nervoso central, os peixes possuem um sistema de dor que é anatômica, fisiológica e biologicamente semelhante ao das aves e outros animais. Os peixes reagem a sensações de dor e de prazer e, na verdade, partilham até semelhanças com o sistema nervoso dos seres humanos, já que algumas espécies possuem neurotransmissores como as endorfinas, que induzem a sensação de bem-estar e de alívio da dor. Logicamente, se os seus sistemas nervosos produzem analgésicos naturais, é porque estão predeterminados para sentirem dor.

Assim como outros animais, peixes têm sistema nervoso complexo e são plenamente capazes de sentir dor e desespero. Quando são retirados da água e mortos por asfixia e golpes de faca, é exatamente isso que eles sentem: dor e desespero. Basta verificar isso na reação dos peixes fisgados na infeliz "pesca esportiva". Esportiva... para quem, cara pálida? Quanto a aquários, domésticos ou oficiais (de exibição), mesma condenação das gaiolas: é prisão perpétua... para inocentes.

Ao contrário do que muitos pensam, a Igreja Católica recomenda que todas as sextas-feiras do ano sejam reservadas à abstinência de carne, e não apenas aquela considerada santa. É o que diz o *Código de Direito Canônico*, o livro que rege as regras da Igreja Católica.

Talvez possa ser considerado como conhecimento nutricional o milenar conselho da Igreja Católica para se comer peixes toda sexta-feira.

Jorge Andréa dos Santos, consagrado escritor espírita, em *Impulsos Criativos da Evolução*, opina que, no imenso impulso das transformações animais, certos peixes migraram para a terra; barbatanas e nadadeiras evoluíram para mãos e membros dos animais superiores; na Groenlândia, em 1952, foi encontrado um fóssil representando um peixe com pernas!

Diz-nos o Espírito Miramez, em *Francisco de Assis*, no capítulo "O Apóstolo João", que este pregava aos peixes a "Boa Nova do Reino", e que eles ouviam seu sermão "a fim de beberem alguma coisa mais de divino do divino doador".

No mesmo capítulo é testificado que "tanto as águas como os peixes estão carregados de elementos imponderáveis à ciência dos homens, os quais são indispensáveis aos fenômenos produzidos pelos místicos e pelos santos".

Seria essa a "energia muito benéfica" à qual o Espírito Luiz Sérgio se referiu? E tal energia justificaria a inexistência ou ausência de alma-animal nos peixes?

Cremos que a resposta para a primeira pergunta é sim, e, para a segunda, é não.

Cetáceos

São mamíferos marinhos de grande porte.

Têm respiração aérea, mas podem permanecer sob a água até uma hora a grande profundidade.

São extremamente inteligentes dentro das características animais.

No livro *Água e Sexualidade*, o Dr. Michel Odent, autor mundialmente famoso por seu trabalho em partos dentro d'água, inclui valiosíssimas informações sobre os golfinhos, em particular.

Analisando o triângulo "macaco-homem-golfinho", o autor propõe que o homem é um primata... aquático! (As preciosas informações científicas de Jorge Andrea, na citada obra *Impulsos Criativos da Evolução*, particularmente sobre os animais aquáticos, corroboram a tese de Michel Odent e até mesmo acrescentam-lhe mais informes, exigindo profundas reflexões para recusá-la...).

Eis alguns dos argumentos de Michel Odent:

– das 193 espécies vivas de macacos e símios, 192 são cobertas de pêlos; a única espécie sem pelos se autodenominou *Homo sapiens*...;
– dentre todos os primatas, só o homem tem uma camada de gordura sob a pele, a exemplo de todos os demais mamíferos, adaptados à água;
– biologicamente, o controle da temperatura pela perda do suor vem sendo considerado um erro: bebês não

suam, só adultos; isso parece indicar que tais perdas não aconteceriam se vivêssemos em ambiente aquático, onde água e minerais existem;
- andar na posição ereta liberta as mãos para o uso de instrumentos e armas, contudo onera o organismo, daí surgirem as hérnias de virilha e as dores nas costas; tal posição é empregada por golfinhos domesticados, quando aguardam comida dos treinadores; igualmente, por peixes-boi amamentando seus bebês;
- a postura sexual face a face é única dos homens, em todos os primatas; já os cetáceos se acasalam como a espécie humana;
- lágrimas, só os homens as possuem expressando sentimentos; acontece que glândulas lacrimais só existem em mamíferos e outros animais marinhos;
- o homem sente naturalmente extrema atração pela água, ao contrário, por exemplo, dos macacos;
- os homens são os únicos primatas mergulhadores, equipados que são de reflexos de mergulho, quando seus batimentos cardíacos baixam sensivelmente.

Existem muitos outros argumentos comparativos:
- respiração humana;
- fantástica assistência que recebe dos companheiros a mãe-golfinho na hora do parto;
- características de inteligência;
- escala do desenvolvimento cerebral etc.

Os estudos do Dr. Michel Odent, expostos em seu livro *Água e Sexualidade* (Ed. Siciliano/S. Paulo/SP, 1990), baseiam-se em observações científicas. Ali, o autor não radicaliza, nem faz afirmações taxativas. O estudo triangular homem-macaco-golfinho delineia, para reflexões, as desconhecidas, ou pelo menos subestimadas capacidades aquáticas do homem. Sua incitante proposição – a de que o homem tende para os mamíferos marinhos – baseia-se em abundantes estudos de renomados biólogos, citados em sua obra.

Pelo que representa para os seres vivos, a Terra é, na verdade, uma grande escola, onde todos sem exceção – homens e animais – encontram abençoadas classes já os esperando, quando, ao nascer, compulsoriamente nela são matriculados.

Classes de todos os níveis, para alunos de todos os graus evolutivos.

Os pais são os primeiros professores.

Mas a vida – a grande lição – é contínua...

Por isso, viver é aprender, e bom aluno será aquele que:

- respeita as aulas da Natureza e as imita, amando seus semelhantes;
- ama os animais, irmãos em escala inferior de progresso, mas igualmente filhos de Deus;
- cuida bem das "dependências dessa escola", protegendo a flora.

O aluno que assim proceder afastará a "reprovação", bem como lições mais difíceis, no caso, a cargo de outra infalível professora: a dor...

Em *O Livro dos Espíritos*, questão 705, encontramos, literalmente:

"O homem a negligencia (à Terra), o ingrato! E, no entanto, é ela uma *excelente mãe*. Frequentemente ele ainda acusa a *Natureza* pelas consequências da sua imperícia ou da sua imprevidência". (Grifos nossos).

– 8 –

A DOR

A "Associação Internacional para o Estudo da Dor" define-a como sendo "uma experiência sensorial e emocional desagradável, associada a danos reais ou potenciais ao tecido, ou descrita como se houvesse tal dano".

A presença da dor nas experiências com animais

Há casos em que a dor compõe a pesquisa. Aí, os períodos são estritamente os necessários. Na maioria, contudo, a anestesia está presente.

Nenhum pesquisador age com crueldade.

A própria ética científica norteia o comportamento das pesquisas, e, quando é detectado sofrimento desnecessário, o processo é naturalmente obstado pelo próprio encarregado.

A dor não agrada ao profissional da Medicina que a provoca, menos ainda à cobaia.

Pensar que alguém provoca dor por gosto ou mesmo por irresponsabilidade impõe que do contexto "animais de laboratório" sejam excluídos *pesquisadores* e inseridos *sádicos*; nessa hipótese, o "sadopesquisador" (?) certamente não terá qualquer espaço ou futuro, não só pelos testemunhos dos colegas, mas principalmente pela ausência de bons resultados, eis que animais maltratados resultam em conclusões insatisfatórias.

Sem condenação *a priori*:

a) agrada-nos saber que Instituições Oficiais do "Primeiro Mundo" oferecem atraentes prêmios a cientistas que desenvolvam suas pesquisas e descobertas unicamente *in vitro* (sem emprego de animais);

b) entristece-nos saber que nos EUA existem indivíduos que, por dinheiro, se oferecem como cobaias. Aliás, aqui mesmo no Brasil, os jornais, vez ou outra anunciam rins e olhos de pessoas que se dizem saudáveis e dispostas a doá-los mediante "expressivo agradecimento... em dinheiro".

Obs.: Nossa legislação proíbe o comércio de órgãos humanos. (Vide Constituição/1988 – art. 199 § 4º.)

Só admite a doação entre parentes.

Visa a lei evitar comércio camuflado em "gestos de generosidade".

Antes de prosseguirmos, vejamos importantes considerações a respeito da dor, contidas no cap. XIX do livro *Ação e Reação*, psicografado pelo médium Francisco C. Xavier, de autoria do Espírito André Luiz, consignando a dor em três diferentes situações:

Dor-Evolução

Age de fora para dentro, aprimora o ser, dá-lhe progresso.

Cita exemplos: animais em sacrifício, a semente na cova, a criança chorando...

Dor-Expiação

Age de dentro para fora. Marca a criatura no caminho dos séculos, situando-a em labirintos de aflição, regenerando-a e quitando-a perante a Lei Divina de Justiça.

Dor-Auxílio

É aquela representada, na maioria das vezes, na visita de prolongadas doenças físicas, impeditivas de maiores quedas morais nos abismos da criminalidade. Ou, ainda, como elemento preparatório para a transição da morte, habilitando o ser a longas reflexões.

Presença da dor na Terra

A dor está presente em todos os seres vivos: homens, animais e vegetais.

Vejamos a função da dor em cada caso:

Homens

Desde os tempos mais remotos até nossos dias, a dor vem sendo considerada por muitos como "castigo de Deus". Esse é um tremendo equívoco, pois Deus não castiga o pecador nem concede prêmios ao justo: o que realmente existe são as Leis Divinas, balizando o comportamento humano; tais Leis – no caso a de Justiça – têm inarredável aplicação e isso foi conceituado por Jesus quando afirmou que "A cada um segundo suas obras".

Como atribuir ao Pai, que é o supremo Amor e também as supremas Bondade, Inteligência e Justiça, o sentimento de "castigar", ficar feliz ou triste ante o justo ou o pecador? Ou "vingar-se"?

Sinceramente: isso é reduzir Deus às emoções humanas.

Jamais!

Há que dimensionar Deus em escala maior, muito maior: a Perfeição inalcançável, o Amor eterno, o Criador de tudo e de todos! E, ainda assim, são reduzidíssimas as possibilidades vocabulares de expressar ou conceituar o Criador.

No patamar evolutivo terreno, somente em nosso coração Deus pode ser sentido, dentro do possível. Quando um banhista tiver seus pés beijados pelas espumas das ondas marinhas se espraiando, e quando molhar suas mãos num gesto instintivo, poderá comparar, ainda que pobremente, a grandeza de Deus: Ele é o mar, e as gotas são o máximo que nossa compreensão alcança.

A dor é inapelável consequência do erro.

Eficiente professora, todos os que se desviam do reto proceder automaticamente se transformam em seus alunos. Aprendem, às vezes em duros embates, decorrentes de inconformismo ou blasfêmias, que, longe de ser uma inimiga, ela – a dor – é anunciação de que a felicidade está inquieta ante a demora do sofredor em conquistá-la. Alertando quanto às consequências dos maus atos, impede sua perpetuação neles. Em última análise, é corretora de desvios comportamentais fraternos.

Quando o espírito se conscientiza de que colherá segundo o que plantar, entende, na amplitude, o conselho do Cristo, que repito: "A cada um será dado segundo suas obras".

Parece-nos que esse conselho é dirigido mais àquele que transgrida a Lei Divina do Amor, maioria da humanidade, nós inclusive.

Assim, não será prudente nem admissível conjecturarmos sobre eventual falha da Vida, que imponha sofrimento a inocentes. A Natureza, mais propriamente Deus, Nosso Pai, é a Suprema Inteligência e de forma alguma se enganaria ao atribuir expiações ou provações. Repetimos: é urgente destruir o conceito de que Deus "castiga" ou "premia" – as Leis Naturais, criadas antes dos seres, balizam toda sua trajetória evolutiva. Por isso, aquele que sofre, sofre na medida exata da sua própria culpa e na dimensão adequada à sua capacidade de resgate. Uma doença, por exemplo, numa representação cartesiana – da manifestação à cura –, percorrerá uma curva de nível em que a *ordenada* (eixo vertical) será a intensidade de sofrimento (dores físicas, angústias, sequelas etc.), e a *abscissa* (eixo horizontal) será o tempo de duração.

Muito contribui o Espiritismo nessa questão.

Se tal gráfico (representação cartesiana acima citada) *quantifica* a dor, a Doutrina Espírita a *qualifica*, isto é, remonta-a prospectivamente à origem.

– Como?

Pelos postulados da reencarnação, bênção das bênçãos divinas, onde os registros do Tempo tudo anotam, relativamente a cada criatura.

Tão sublime e tão elevada é a reencarnação, e tão celestiais seus administradores (Entidades Siderais), que seria imperdoável ousadia humana, à vista apenas do presente, perscrutar seus fundamentos em busca de eventuais enganos. Há questões do tipo: "Por que criancinhas morrem tragicamente?"; "Por que AIDS em crianças?"; "Por que há os que nascem cegos?"; "Por que coletividades morrem à míngua, de fome?". "Como explicar acontecimentos naturais devastadores de populações inteiras, até de animais?"...

Realmente: perguntas de difíceis respostas, a menos que se considere as premissas do Espiritismo, filosofia que tem Deus como a sabedoria suprema do Universo e causa primeira de todas as coisas, proclamando a Justiça Divina como sábia, plena de amor! Justiça, aliás, enunciada por Profetas de todos os tempos, máxime pelo Cristo de Deus!

A postura do Espiritismo, de fato, não é inédita: sem grande esforço encontramos no Antigo Testamento, bem como no Novo, várias citações que, quanto ao ser humano, antecedendo em muito ao Espiritismo, sintetizam magistralmente a Justiça Divina:

    a) *"Porque, segundo a obra do homem, ele lhe paga; e faz que cada um ache segundo o seu caminho"*. (Livro de Jó, 34:11);

    b) *"A ti também, Senhor, pertence a misericórdia, pois retribuirás a cada um segundo a sua obra"*. (Salmos, 62:12);

    c) *"Não pagará ele ao homem conforme a sua obra?"*. (Provérbios, 24:12);

d) *"Julgar-vos-ei a cada um conforme os seus caminhos"*. (Ezequiel, 33:20);

e) *"Porque o Filho do homem virá na glória de seu Pai, com os seus anjos; e então dará a cada um segundo as suas obras"*. (Mateus, 16:27).

f) *"E, se invocais por Pai aquele que sem acepção de pessoas, julga segundo a obra de cada um, andai em temor, durante o tempo da vossa peregrinação"*. (I Pedro, 1:17);

g) *"Porque todos devemos comparecer ante o tribunal de Cristo, para que cada um receba segundo o que tiver feito por meio do corpo, ou bem ou mal"*. (II Coríntios, 5:10);

h) *"Irmãos, de Deus não se zomba. O que o homem semear, isso colherá"*. (Paulo, Epístola aos Gálatas, 6.7);

i) *"E eis que cedo venho, e o meu galardão está comigo, para dar a cada um segundo a sua obra"*. (Apocalipse, 22:12).

Os que têm Deus como a Perfeição Absoluta e o Amor Infinito não tardarão a se resignar diante da dor e afastar da alma a revolta contra o Pai. Mesmo com o coração dolorido há até os que conseguem atenuar tão grande tristeza, proclamando com a alma um ditado simplório, mas cheio de significado: "Deus não põe cruz em ombro errado". Isso significando profundo respeito ao Amor e Justiça de Deus para com Seus filhos e que, a um efeito, sempre há uma causa precedente, mesmo que desconhecida.

Se a causa não está no presente, só pode estar num lugar: no passado...

Essa, a postura do verdadeiro cristão. Nesse caso, resignação não simboliza ausência da dor, mas um lenitivo para esta.

A Doutrina dos Espíritos é uma filosofia que, sem de forma alguma jactar-se de juíza ou dona da verdade, não condenando nem absolvendo quem quer que seja, responde às pungentes dúvidas – sem injúria do raciocínio –, ao proclamar a crença segundo a qual

Deus é todo amor e ao criar o homem dotou-o de inteligência, livre--arbítrio e consciência. E que, com essas três ferramentas, o Espírito é sabedor de que a lei divina de Justiça preconiza que na vida "a plantação é livre, mas a colheita é obrigatória".

Isso, em termos científicos, com auxílio da Física, significa dizer que a cada ação corresponde uma reação, porém em sentido contrário.

Longe, muito longe, o "olho por olho". Se a justiça terrena atenua sentenças, com penas alternativas, o que dizer da Bondade Infinita do Pai?

Dessa forma, como cristãos, os espíritas consideram que Deus nos criou para a felicidade, só que sob conquista individual. Assim, se isso ainda não acontece, ante crises *não cabe revolta alguma, senão reflexões profundas, sendo que uma delas aponta para a lógica da reencarnação! Qual outra explicação pode haver para tamanhas e tantas tragédias alcançando até mesmo crianças?... Que culpa elas tinham?*

Vidas sucessivas (existências terrenas): eis a resposta espírita baseada na premissa fundamental da Justiça Divina, atribuindo ao responsável pela ação a justa e indispensável reação. Entrando em cena a imortalidade do Espírito, cujo guardião é outra atribuição do Tempo, ficarão patenteadas a sabedoria e bondade do Criador ao conceder tempo àquele que contrai dívidas ante a própria consciência, até amealhar condições de quitá-las. Isso, em infinitas reedições de reinício da caminhada (existências terrenas) rumo ao Bem – tantas quantas necessárias sejam –, indo de degrau em degrau quitando-se até alcançá-lo.

Repetindo: Deus é o Amor Infinito, e não há homem sobre a Terra, ou poder em todo o Universo, em condições de julgar, menos ainda repreender ao Criador pelos acontecimentos naturais, no caso, devastadores.

Pelos mecanismos reencarnacionistas, todos evoluem, de vida em vida, de erro em erro, de acerto em acerto, de aprendizado em aprendizado, de convivência em convivência, de resgate em resgate, de aquisição em aquisição...

Encerrando essas reflexões, referentes à dor no homem, passo a palavra para Léon Denis (1846-1927), filósofo francês, consagrado divulgador do Espiritismo, em sua obra *Depois da Morte*, cap. 13: "As provas e a morte", 18. ed., Rio de Janeiro/RJ, FEB, 1994:

"A dor é uma advertência necessária, um estimulante à vontade do homem, pois nos obriga a nos concentrarmos para refletir, e força-nos a domar as paixões. A dor é o caminho do aperfeiçoamento. Física ou moral, é um meio poderoso de desenvolvimento e de progresso. É purificação suprema, é a escola em que se aprendem a paciência, a resignação e todos os deveres austeros. É a fornalha onde se funde o egoísmo em que se dissolve o orgulho".

A seguir, mais algumas reflexões sobre a dor, porém, dos animais:

Animais

O mundo não é residência exclusiva de inquilinos humanos: nesse trajeto evolutivo, o racional a princípio não o era, vindo dos reinos inferiores, tutelado sempre por prepostos de Jesus. Até por reconhecimento disso, quando não seja por gratidão, não cabe ao homem dispor da vida dos seus irmãos animais, seja a que título for.

Há "espíritos da natureza" cuja missão é proteger os animais, sob orientação de Espíritos elevados. Podemos imaginar o que sentem esses Mensageiros do Amor Divino ante a dor imposta pelos homens aos animais?

O homem, no início de seu estágio evolutivo *como racional*, recebe de Deus uma essência (a mônada, da qual trataremos adiante), contendo potencialmente todos os atributos divinos, qual semente que terá que vencer toneladas de terra, para um dia, árvore, frutificar.

No âmago da consciência, certamente até mesmo os cientistas – privilegiados cérebros humanos – hão de registrar que o sacrifício de animais é procedimento que coloca a Ciência em rota de colisão com a Natureza, mãe dadivosa de todos os seres vivos.

Falando-se de pesquisas científicas – segmento da agropecuária – inaceitável é a profanação da naturalidade biogenética, em busca de ganhos financeiros; seus responsáveis, nas etapas reencarnacionistas seguintes, muito provavelmente terão estágios de grande carência material, talvez até em países onde o animal seja exacerbadamente protegido, intocável.

Muitas pessoas questionam o fato de os animais sofrerem, muitas vezes cruelmente, sem que isso possa ser enquadrado na Justiça Divina, eis que não possuem consciência, nem livre-arbítrio, e, em consequência, neles não há débitos a resgatar.

Partindo da premissa de que Deus é a Perfeição Suprema e o Amor Absoluto, em nenhuma hipótese se poderá aventar a menor possibilidade de que isso consista injustiça ou equívoco da natureza. Outro tem que ser o enfoque.

Aqui, entra em cena a condição esclarecedora do Espiritismo.

Vamos nos demorar mais um pouco nas reflexões sobre a dor, de modo geral:

    a) Em *A Gênese*, cap. III, Allan Kardec filosofa com grande profundidade sobre o *bem* e o *mal*, analisando detalhadamente sobre *instinto* e *inteligência* e, particularmente, sobre a "*destruição dos seres vivos uns pelos outros*". No item 21, esclarece que "*a verdadeira vida, tanto do animal como do homem, não está no invólucro corporal, do mesmo modo que não está no vestuário. Está no princípio inteligente que preexiste e sobrevive ao corpo*".

Aqui, já temos conteúdo suficiente para refletir que danos físicos que destruam a matéria, isto é, dos quais resulte a morte, não destroem o espírito (naturalmente, revestido do perispírito, que os animais também o têm, embora de matéria mais rudimentar que a humana).

Prossegue Kardec, agora no item 24: "*nos seres inferiores da criação, naqueles a quem ainda falta o senso moral, em os quais a inteligência ainda não substituiu o instinto, a luta é pela satisfação da imperiosa necessidade – a alimentação; lutam unicamente para viver; é nesse primeiro período que a alma se elabora e ensaia para a vida*".

    b) O Espírito Emmanuel nos esclarece *(O REFORMADOR, Junho, 1987 - FEB)*, de forma a não deixar quaisquer dúvidas, que a dor representa aprendizado, constante da trilha evolutiva de cada ser vivo, rumo à evolução; essa informação é textual, cristalina e não deixa margem a derivações filosóficas. Ei-la:

"Ninguém sofre, de um modo ou de outro, tão somente para resgatar o preço de alguma coisa. Sofre-se, também, angariando os recursos preciosos para obtê-la.

Assim é que o animal atravessa longas eras de prova a fim de domesticar-se, tanto quanto o homem atravessa outras tantas longas eras para instruir-se.

Espírito algum obtém elevação ou cultura por osmose, mas sim através de trabalho paciente e intransferível.

O animal igualmente para atingir a auréola da razão deve conhecer benemérita e comprida fieira de experiências que terminarão por integrá-lo na posse definitiva do raciocínio.

Dor física no animal é passaporte para mais amplos recursos nos domínios da evolução". (Grifamos)

Assim, mesmo que para muitos de nós tal seja penoso aceitar, prudente será refletir muito sobre o tema e sobre o quanto ainda ignoramos das coisas de Deus; alenta-nos considerar, com veemência, que o Pai jamais abandona qualquer dos Seus filhos. Com essa certeza, fica afastada, *ab initio*, que a crueldade que vitima animais seja indiferente à vida e ao Amor de Deus, presente no infinitamente perfeito Plano da Criação.

c) Juvanir Borges de Souza (1916-2010), advogado, 14º presidente da Federação Espírita Brasileira, em *Tempo de Renovação*, cap. 20, p. 164, Ed. FEB, 1989, arremata: "*para bem compreendermos o papel da dor será necessário situá-la como a grande educadora dos seres vivos, com funções diferentes no vegetal, no animal e no homem, mas sempre como impulsionadora do processo evolutivo, uma das alavancas do progresso do princípio espiritual*". (Grifamos)

Diante das assertivas acima, refletimos:

— animais sofrem para que registrem em sua memória espiritual, eterna, que a dor dói, é ruim; assim, ao evoluírem, alcançando a inteligência, já trarão na bagagem cognitiva a ideia de que a dor deve ser evitada — a própria, por autopreservação, e a do próximo, por ser esse um dos conselhos de Jesus para a evolução espiritual;

— nada nos impede de considerar que a dor, nos animais, completado o aprendizado, não mais se repetirá, sendo muito provável que ao desencarnarem, não importa em que condições, o sofrimento seja interrompido no ato da desencarnação e sob patrocínio caridoso dos Missionários do Amor Eterno;

— aliás, não cremos que seja necessária mais de uma experiência dolorosa, para fixação do aprendizado; como existem milhares de espécies e milhões de moradas no Universo, há grande probabilidade que os animais percorram muitos desses mundos, em corpos adequados, acumulando experiências;

— como a restauração perispirítica é uma realidade do Plano Maior, nada nos impede também de imaginar que os perispíritos dos animais, se danificados, ali serão recompostos por Geneticistas Siderais, os mesmos que promovem as modificações tendentes à escala evolutiva da espécie (vide *A Caminho da Luz*, cap. "A Grande Transição");

- se animais forem fluidicamente "anestesiados" por Espíritos Protetores, na hora do abate, para evitar a dor, ali não ocorreria fixação do aprendizado evolutivo; contudo, nada nos objeta raciocinar que em muitos, muitos casos mesmo, isso ocorra, porém em outras circunstâncias; por exemplo: quando a crueldade humana esteja presente, infligindo sofrimento a animais cujo programa reencarnatório não o previa;

- aos Espíritos que amam os animais, a eles provavelmente é delegada a função de orientar as espécies animais quando no plano espiritual e de os proteger, quando no material; neste, fazem-no com abnegação e amor, criando *habitats* e mantendo os ecossistemas; assistindo-os nos momentos difíceis pelos quais passam; consideremos, por exemplo, que quando um predador de grande potencial ofensivo (nunca se esquecer que foram os Promotores da Vida que disso o equiparam...) ataca uma indefesa presa (também de organismo engendrado pelos Guardiões da Vida Eterna), Deus está presente num e noutro animal; pela Lei do Progresso, certamente, no avançar do tempo, os papéis talvez sejam invertidos, após o que, ambos já terão em sua memória espiritual tal lembrança (automatismo biológico-espiritual); atingindo a razão/inteligência, só cometerão violência por autodecisão, a bordo do livre-arbítrio; e, a partir do livre-arbítrio, a evolução passa a ser balizada pela Lei de Causa e Efeito – Ação e Reação.

Por oportuno, vejamos alguns trechos das sempre elucidativas instruções de Allan Kardec, agora do Plano Espiritual, clareando o assunto, através mensagem mediúnica de 1912, contida em *O Diário dos Invisíveis*, psicografada por Zilda Gama (p. 73-75 da 1. ed., 1927, Editora O Pensamento):

(...) *"Bem sabeis que a dor, física e moral, é a lixívia que alveja a alma enodoada do ser consciente e responsável por seus atos; é a lâmpada que a inunda de luz, tornando-a eternamente radiosa.*

(...) *Se só o homem fosse suscetível à dor e às enfermidades e os irracionais tivessem os organismos imunes ao sofrimento, insensíveis como o aço, romper-se-ia o elo que os vincula pela matéria, que é semelhante em todos os animais.*

(...) *Os animais, quer os de constituição semelhante à do homem, quer os de organismos imperfeitos, não padecem, como os racionais, unicamente para progredir espiritualmente, pois são inconscientes e irresponsáveis, mas Deus, que tudo prevê, não os fez insensíveis à própria defesa e conservação, como meio de serem domesticados, tornando-os úteis às coletividades.*

Um cavalo que fosse indiferente à dor seria capaz de precipitar-se, com o cavaleiro, ao primeiro abismo que se lhe deparasse, tentando livrar-se da sela e da carga importuna que lhe tolhem os movimentos, privando-o de viver às soltas pela vastidão dos prados ou à sombra das florestas. Por que recuam, temerosos, ante a ameaça de um calhau ou de uma farpa, um cão ou um touro enfurecido? Com receio do sofrimento que teriam se fossem por eles atingidos

(...) *Os irracionais necessitam da dor, para que possam, em estado de liberdade, defender a própria vida, temer as sevícias, sofrear os impulsos ferozes, procurar repouso e alimento, tornar-se menos perigoso ao homem, manter o instinto de conservação, que não teriam, se os seus corpos fossem desprovidos de sensibilidade. O homem progride mais pelos padecimentos morais que pelos físicos; nos irracionais predominam estes sobre aqueles.*

(...) *A dor é útil aos animais para que os fracos e pequenos se defendam dos fortes e cruéis, procurando esconderijos inacessíveis a seus adversários nas furnas ou nas mais altas frondes".*

No caso dos animais, precisamos considerar que neles a dor age como impulso evolutivo:

- ante o perigo, o instinto de sobrevivência conduz a mecanismos de defesa: ocultação, fuga, combate;
- quando feridos, os próprios animais, eventualmente seus companheiros, lambem os machucados numa rudimentar ação de assepsia, na busca da cura ou alívio – isso representa os primórdios da fraternidade;
- quando morrem em acidentes ou em sinistros naturais, ou ainda quando por qualquer razão ficam aleijados, há nesses fatos todo um quadro de aquisição de experiências e aprendizados marcantes, relativo à dor, que impregna o ser para a eternidade;
- quando abatidos ou injuriados pelo homem, de forma intencional ou não, seja pelo motivo que seja, duas hipóteses, no mínimo, podem ser avocadas:

1ª – trata-se da "dor-evolução", e seu sacrifício promove ou resulta no bem;

2ª – talvez o animal esteja no final da depuração evolutiva de sua linhagem.

Essa última hipótese tem que socorrer-se das escalas evolutivas dos seres:

- não seriam os bovinos o último degrau evolutivo da linhagem dos mamíferos predadores de grande porte, hoje extintos?
- os gatos não seriam a resultante evolutiva dos felídeos?
- os cães não seriam o topo da árvore genealógica dos canídeos?
- os roedores, sucumbindo aos milhares nos laboratórios de pesquisas, não estariam atenuando seu repulsivo contato com a humanidade? Não podemos esquecer que os "hams-

ter", as cobaias e mesmo os coelhos são animais de muito agradável presença, já os havendo domésticos.
– quanto aos animais domésticos em geral, que recebem cuidados e conforto extremos, será que isso os torna realmente felizes? Até que ponto sua natureza valoriza essa artificial "humanização"? Um cão, tratado com sofisticação, talvez não apreciasse mais rolar na grama, correr pelos campos, matos ou grandes espaços, junto a outros companheiros, do que viver segregado em apartamentos, sobre almofadas acetinadas? E, ainda, às dietas impostas, um "mísero" ossinho não o agradaria mais? E que dizer de seus impulsos sexuais: ou impedidos ou realizados em encontros induzidos, híbridos de naturalidade?

Agora, o mais grave: o que pensar dos cães, geralmente de grande porte e naturalmente ferozes, serem treinados para ataque, sendo-lhes incutidas maiores doses de agressividade, brutalidade, destruição? E ainda pior: animais treinados para duelos com similares ou não, tendo por pano de fundo grandes apostas financeiras.

Francamente: os dois últimos casos (cerceamento da sexualidade e aumento da ferocidade) representam, respectivamente, vertentes da ignorância e crueldade humanas; quanto aos demais, matéria para reflexão.

A ignorância desaparecerá à medida que o homem evolver, em mundos compatíveis ao seu estágio moral.

A crueldade, porém, significa contração de pesadas dívidas ante o tribunal da consciência de quem a pratica; esses, despertos pelo arrependimento desses sonhos trevosos a que voluntariamente se entregaram, terão a Dor por corregedoria; seus sofrimentos serão proporcionalmente iguais aos que infligiram. Provavelmente, esta seja uma das causas de tantas doenças, tantas anomalias congênitas, tantos desastres mutiladores.

Vegetais

Existem doenças peculiares que exigem adubos e fungicidas.

Em *A Gênese*, de Allan Kardec, cap. XVIII, nº 8, encontramos que *plantas* e *animais* são atingidos por enfermidades.

Considerando que as plantas têm sensibilidade, nada objeta inferir que tal lhes causa sofrimento. Não há condições de afirmar que *sentem dor*, apenas pode ser constatado que:

- uma árvore cortada perde seiva e morre;
- galhos queimados, definham rapidamente; antes, à simples aproximação do fogo, retraem-se;
- muitas são as pragas que atacam culturas, além de parasitas que lhes causam danos.

Plantas domésticas "apreciam" o carinho de quem as trata, tanto quanto se retraem ante agressões físicas, sonoras ou ambientais. A simples aproximação de uma pequenina chama a uma folha demonstrará que ela se contorce, murcha e morre... "Ao contrário, como ser vivo, responde ao amor e às vibrações simpáticas emanadas de um Espírito bem intencionado".[13]

Uma árvore tombada no chão é um dos espetáculos que mais deprimem os amantes da natureza: a seiva escorrendo dos troncos e galhos, as folhas murchando e perdendo o brilho...

No livro *Janelas para a Vida*, do Espírito F. Worm, psicografia de F. C. Xavier, edição da FERGS, no cap. IV, "Sensibilidade das plantas", o autor cita que aparelhamentos mais sensíveis, criados pela técnica do homem, registram poligraficamente as reações das plantas às influências do meio e às intervenções e sentimentos humanos, de forma a não pairar qualquer dúvida fundamental às manifestações de sensitividade do complexo mundo vegetal que nos cerca.

---

13. *Crônicas de Um e de Outro*, Luciano dos Anjos e Hermínio C. Miranda, cap.40, p. 144-145, 1. ed., FEB, 1975.

Minerais

– Os minerais sofrem dor?

O Espírito André Luiz, na obra citada neste capítulo, informa que "o ferro sob o malho sofre a dor-evolução, ajudando o progresso da economia da vida em expansão". Tal citação, salvo melhor juízo, traduz tão somente figura poética, judiciosamente aplicada dentro do contexto em que foi inserida.

A dor no século XXI

A Medicina, desde seus primórdios, vem buscando formas de combater a dor, mal que afeta a todos os seres vivos. Apenas para citarmos um exemplo: a humanidade sofre de cerca de cem tipos diferentes de dor de cabeça, segundo classificação feita em 1988 pela "Sociedade Internacional de Cefaleia". Foram encontradas múmias com trepanação craniana (perfuração cirúrgica), indicando que a dor de cabeça é velha companheira do homem.

Analgésicos e incontáveis terapias da atualidade certamente serão modificados no decorrer do tempo. Concentram-se hoje os cientistas em trabalhar nos chamados "portões da dor": um na medula espinhal e outro nas terminações nervosas específicas, na periferia do trauma (ou da injúria), que desencadeiam a dor. A ideia é fechar tais "portões", copiando a natureza, com a administração de drogas, semelhantes à endorfina (produzida pelo sistema nervoso central). A endorfina é um tipo de morfina fabricada pelo corpo. Parte desse processo já vem sendo empregada nas cirurgias, sendo previamente administrados anestésicos locais no ponto do machucado, além dos gerais. Com isso, as mensagens da dor, na hora e após a cirurgia, são bloqueadas, e a recuperação do paciente é sensivelmente menos dolorosa.

Para casos extremos, a Medicina já realiza as chamadas "cirurgias analgésicas", que interrompem o fluxo dos sinais de dor, seccionando partes das vias que os conduzem.

Feitas as considerações acima, cabe questionar quanto aos progressos da Medicina que sinalizam a supressão total da dor num futuro breve:

Fato 1 – Presença da dor

- a dor acompanha todos os seres vivos, desde sua criação;
- a dor é sempre subjetiva (cada indivíduo aplica a palavra segundo experiências relacionadas a machucados no início da vida);
- a dor ocorre também por razões psicológicas, ausentes quaisquer ferimentos ou lesões;
- a dor provoca reações com alguma semelhança, principalmente entre homens e animais.

Fato 2 – Ausência da dor

- sem dor, sem prejuízo da integridade orgânica, o sistema de vida neste mundo seria infinitamente melhor que o atual;
- devem ser excluídos do item anterior os casos em que a ausência da dor se deve a alguma morbidez, tal como a hanseníase (hansenianos têm graves traumas, pois a insensibilidade não promove cuidados ou defesas em casos de ferimentos).

Fato 3 – Fundamento espiritual da dor

- necessariamente, a evolução espiritual distancia o indivíduo da dor;
- a dor é um processo de despertamento que age em potencial: só se apresenta quando alguma coisa está errada;
- tanto espiritual, quanto materialmente se falando; logo, nesse caso, é extremamente benéfica;
- não fosse a dor, todos os que agissem erradamente, muitas vezes com crueldade, jamais retificariam tão infeliz trajetória: o mal, neles, se perpetuaria;

– pelo princípio da compulsoriedade, os Mensageiros Celestiais, norteados pela Justiça Divina, freiam o mau comportamento do réprobo que, em consequência, sofre alguma doença ou incapacidade, dolorosas e inibitórias – desde a existência presente ou em vidas futuras.

Como podemos conjeturar, a dor é um mecanismo de alerta. Dos mais eficientes... Com ou sem lesão, manifesta-se de início sobre o organismo, impondo reação imediata ao princípio espiritual do sofredor (homem ou animal), visando expurgá-la.

Livrar-se da dor é ato intrínseco dos seres viventes normais.

Supor que tal processo seja *totalmente* banido da face da Terra, remeter-nos-á a transcendentais consequências, emergindo a principal: o mundo deixando de ser de "provas e expiações", sendo promovido a "mundo de regeneração", no elevado dizer de Allan Kardec.[14]

Em acontecendo tal promoção, seus habitantes serão mais felizes.

Quando isso ocorrerá?

Neste milênio?

Seria imprudente responder, mas pela Lei Divina do Progresso esse é o nosso futuro.

Hermínio C. Miranda (1920-2013), festejado escritor espírita, diz-nos:[15]

"As dores resultam precisamente do nosso atrito com as ordenações cósmicas criadas para corrigir desvios, a fim de que o universo não reverta ao caos de onde saiu e, ao mesmo tempo, para que cada um encontre o seu caminho na longa peregrinação de volta a Deus.

---

14. Em *O Livro dos Espíritos* (questões 182 e 185) e *O Evangelho Segundo o Espiritismo* (cap. III, n. 3 e 4 – "Diferentes categorias de mundos habitados"), ambos de Allan Kardec e editados pela Petit. (N.A.)
15. Em *Boletim Semanal Espírita SEI*, Rio de Janeiro, 30 de janeiro de 1993. (N.A.)

Com cerca de dois milênios de genuína prática cristã – leia-se comportamento adequado –, não teríamos conjurado de todo as dores do momento que vivemos, mas, pelo menos, estaríamos preparados para elas, cientes e conscientes de suas razões e de suas motivações corretivas.

Possamos gravar bem à vista, nos escaninhos da memória, que a dor costuma marcar o momento primeiro no qual a libertação começa a alvorecer, desde que tenhamos aprendido a lição, às vezes dura, que ela nos ministra.

Para que este conceito se implante, contudo, e lance suas raízes e suscite, em nossa intimidade, urgentes mudanças de postura e de ação, impõe-se a premissa de que somos seres imortais, reencarnantes e responsáveis, programados, desde as desconhecidas origens, para a felicidade total e a paz definitiva."

Quanto à Medicina descobrir meios para banir a dor, isso é maravilhoso.

Cumpre apenas ponderar quantos sofredores terão condições de usufruir dessa benesse, já que, atualmente, muitos outros progressos científicos estão a "milhas de distância" de grande parte das pessoas e até mesmo de países, por questões financeiras ou políticas.

Somente com a implantação do Reino de Deus, que é o do Amor, a humanidade terá a dor como lembrança e como angelical motivação para auxílio nos mundos onde ainda exista.

Obs.: Dor nos vegetais – duas proposições

a) Como já citado, o Espírito André Luiz, em *Ação e Reação*, cap. XIX:

– "os vegetais progridem pela dor-evolução";

b) Léon Denis, em *O Problema do Ser, do Destino e da Dor*, cap. XXVI – A Dor:

- "tudo o que vive neste mundo: natureza, animal, homem, sofre"...
- "o homem precisa do sofrimento como o fruto da vide precisa do lagar para se lhe extrair o licor precioso".

Sem muito esforço, creditamos os conceitos acima à insuficiência da linguagem humana, para melhor explicitar o progresso dos vegetais, por ações em muito semelhantes às que nos animais e nos homens lhes causam dor (quaisquer danos físicos).

– 9 –

OS ANIMAIS E O ESPIRITISMO

Um *Edifício* chamado Espiritismo

Considerando que Espíritos iluminados – particularmente o "Espírito de Verdade" – sustentaram Kardec na codificação da Doutrina Espírita, podemos imaginar que ele foi o mestre de obras designado para construir o alicerce, firme e completo, sobre e a partir do qual incessantemente se ergueria uma obra moral – o Espiritismo. Essa obra, desde seu início, teve o caráter de abrigo universal a todos os homens de boa vontade, não comportando quaisquer estratos – filosóficos, morais ou religiosos; seus andares seriam ocupados, a partir do "térreo", proporcionalmente na razão direta da evolução espiritual dos inquilinos. Por exemplo: o respeito à Natureza (flora e fauna) constitui aval para residir em andares intermediários...

Com efeito, os cinco livros básicos do Espiritismo, elaborados por Kardec, são o alicerce, sendo notável que ao seu empós jorraram e continuam jorrando novos livros que, sem alterar a base, contudo, mobíliam e aparelham essa grande construção.

A Ciência, *pari passu*, desde o início foi cadastrada como uma das fornecedoras de material para o edifício espírita, no qual as portas da Razão, desde sempre, estiveram abertas para a humanidade.

A extensa literatura doutrinária (outra importante fornecedora), posterior ao alicerce kardecista, comprova que aquela base foi feita para sobre ela erguer-se abrigo aos espíritos sedentos de luz.

O exercício mediúnico pode ser considerado a "mão de obra" nessa construção.

O projetista dessa fantástica e sublime edificação: Jesus!

Tal obra, crescendo sempre, cada vez mais se aproxima do *céu*; nós, seus inquilinos dos andares intermediários, iremos paulatinamente passando para andares superiores, à medida que merecermos o conforto que Jesus idealizou sob o título "bem-aventuranças". Tal merecimento advirá do nosso esforço: cada vez que alijarmos um defeito da nossa personalidade, ganharemos o direito de morar mais alto...

Analisando em profundidade tão maravilhoso projeto, encontramos em detalhes as etapas de tempo e espaço nas quais essa obra se enquadrou:

- criação do mundo (Terra);
- transformações/combinações de elementos;
- gases: solidificação/liquefação (formação da matéria);
- adequação ambiente à Vida: criação de material inorgânico;
- princípio vital: dispensado a vegetais e animais (unicelulares, a princípio);
- elo entre o vegetal e o animal: zoófitos (animais-plantas);
- vegetais: nascem, vivem, crescem, nutrem-se, respiram, reproduzem-se, morrem;

- animais: idem, idem;
- diferença entre vegetais e animais: aqueles não se deslocam, são presos ao solo, de onde retiram sua nutrição, recebem luz, calor e água; estes se locomovem, encontram nos seus *habitats* o necessário à sobrevivência, possuindo excepcional equipamento para se manter: os instintos;
- princípio inteligente: existente a partir dos animais rudimentares;
- humanidade: formada pelo reino hominal, a partir da evolução do princípio inteligente dos animais, que sofre uma transformação, passando a ser Espírito (o ponto de partida do Espírito se liga ao próprio Princípio Criador, o que, absolutamente, não é dado ao homem conhecer);
- homens: pelos princípios evolucionistas (de todos os seres vivos) que o Espiritismo esposa, constituem grau superior aos animais, posto que dotados de inteligência, livre-arbítrio e consciência.

Considerando que o Espiritismo é, a um só tempo, filosofia, ciência e religião, estudando-o entenderemos algumas complexas questões, com o que muito será facilitado nosso viver e, mais que isso, nosso progresso espiritual.

São tantas as questões...

Analisemos algumas.

Inteligência

Debatem-se alguns filósofos: Se o homem é animal, como justificar a superioridade intelectiva de alguns animais sobre alguns homens? (Talvez estejam se referindo aos povos primitivos, de vida rudimentar, cuja moral e selvageria extrema por vezes nos espantam. Tais criaturas, rareando cada vez mais sobre a Terra, em contato com missionários religiosos e com filantropos da civilização, demonstram ausência total de sentimentos éticos, ingenuidade inaudita e mediana assimilação de linguagem e aprendizados).

Dissolve-se a dúvida quando verificamos que o cérebro humano, proporcionalmente maior, é o órgão que comanda, no corpo, as ações do espírito, com capacidade de resolver problemas por meio de ações contínuas, encadeadas.

Alguns animais demonstram habilidades, mas apenas fragmentos de solução a problemas que lhes sejam antepostos; demonstram rudimentar inteligência em casos ligados à provisão e conservação – nada mais.

Dizer que alguns animais são mais inteligentes do que algumas criaturas humanas, invocando a idiotia ou mongolismo, constitui juízo apressado, desconsiderando as nuances da Lei Natural de Justiça, que, por meio da reencarnação, por vezes, compulsoriamente, cria obstáculos cerebrais. Por hipótese, talvez, tais deficientes assim venham ao mundo para resgatar mau emprego de altíssimas potencialidades mentais ou intelectuais feito em vidas pregressas. Agiram inteligentemente com crueldade e com isso amealharam hordas de terríveis inimigos, que avidamente os caçam, vidas e vidas adiante, para vingança. Encontrando-os, resguardados com a intransponível muralha da deficiência cerebral, nada podem fazer e acabam, eles próprios, desistindo, mais em razão do incessante progresso que rege a vida de todos os seres. Familiares de quem tem o cérebro assim bloqueado talvez sejam comparsas diretos ou indiretos das ações equivocadas que o passado indelevelmente registra na consciência de cada um. Reafirmamos que estamos no terreno das hipóteses.

Assim, não poderíamos afirmar que *todos* os que apresentam tais dolorosos quadros vivenciais sejam réprobos, expiando o passado. Muitos talvez estejam em provações (o que é fundamentalmente diferente de expiação); outros, ainda, podem assim estagiar na carne, missionariamente.

Inaceitável seria duvidar da Lei de Justiça Divina, que age só por Amor!

Instinto

Os instintos – todos os possuímos – homens e animais: agem através das ações executadas sem mentalização, sem aprendizagem.

Notável que cada espécie animal tem instintos específicos:

- aves, construindo ninhos;
- ursos, hibernando (vida orgânica reduzida ao metabolismo de pouco mais de 1%!);
- tartarugas, já ao nascer buscando avidamente ambientes aquáticos;
- felinos, colocando-se contra o vento, na caça;
- gatos, encobrindo com terra seus dejetos;
- cães, enterrando ossos;
- abelhas, formando a maravilha das colmeias;
- aranhas, tecendo suas inigualáveis teias etc.

Tais propriedades instintivas, individualizadas por espécie animal, vêm se repetindo ao longo de milhões e milhões de anos, levando alguns naturalistas, ou mesmo alguns filósofos, a crer na perpetuidade da vida animal sem evolução.

Não é o caso: todos os seres foram criados por Deus e é da Lei Natural do Progresso que todos, sem exceção, evoluam. A nós é que ainda não é dado conhecer todos os mecanismos da Evolução, tal como o Criador a engendrou.

Não faltam admoestações dos Instrutores Espirituais nesse sentido: "muitas, mas muitas mesmo são as coisas de Deus que o homem terreno desconhece".

Gabriel Delanne (1857-1926), engenheiro francês e notório pesquisador espírita, já asseverava (isso no século passado):[16]

---

16. *A Evolução Anímica*, cap. II – "A Alma Animal/Resumo", 1. ed. na França, 1895; 6. ed.1989, RJ/RJ: FEB. (N.A.)

"A ascendência animal do homem impõe-se com evidência luminosa a todo pensador imparcial. Somos, evidentemente, o último ramo aflorado da grande árvore da vida, e resumimos, acumulando-os, todos os caracteres físicos, intelectuais e morais, assinalados isoladamente em cada um dos indivíduos que perfazem a série dos seres.

Que se considerem os animais como existindo de maneira invariável desde a origem das idades, ou que os acreditemos derivados uns dos outros, menos certo não é que os espécimes da nossa época se ligam entre si de modo tão íntimo, que podemos passar do homem à célula mais simples, sem encontrarmos soluções de continuidade."

Linguagem

Homens e animais possuem-na.

A dos homens é articulada: sons vocais ou sinais gráficos.

A dos animais, em alguns casos, é sonora, ou ultrassonora, como a dos delfins (golfinhos), com cerca de 400 "palavras".

Animais, em outros casos, podem comunicar-se por vibrações (peixes), por sinais (bando de andorinhas seguindo o líder) etc.

Alma

A dos animais é diferente da humana, de gradação inferior.

Não possuindo inteligência, os animais não possuem igualmente consciência, livre-arbítrio, senso moral, nem responsabilidade.

Ao desencarnarem, homens e animais mantêm sua individualidade, contudo, os animais são orientados e mantidos por Espíritos da Natureza, em grupos específicos a cada raça.

Animais após a morte (No Plano Espiritual)

Gratificante que esse tema, até pouco tempo tão deslembrado, agora visite e instigue a mente de tantas pessoas, não necessariamente espíritas, senão sim, todas, ao menos, espiritualistas, querendo saber o que acontece com animais, depois que morrem...

Respeitáveis autores espíritas, desencarnados, aduziram informações sobre os animais no reino espiritual:

1. Allan Kardec:

– sob orientação de Inteligências Celestes registrou, às questões 598 a 600 de *O Livro dos Espíritos*, que os animais, ao morrer, mantêm sua individualidade, permanecendo em vida latente sob cuidados de Espíritos especializados, que os classificam e agrupam; e nos animais a reencarnação não se demora;

2. André Luiz:

– narra no cap. XII do livro que já citamos, *Evolução em Dois Mundos*, que, após a morte, os animais têm dilatado o seu "período de vida latente" no Plano Espiritual, caindo em pesada letargia, qual hibernação, de onde serão genesicamente atraídos às famílias da sua espécie, às quais se ajustam.

Consideramos essa informação fundamental para o entendimento de como os animais vivem no Plano Espiritual, aguardando a próxima reencarnação. Kardec registrou que após a morte os animais são classificados e impedidos de se relacionarem com outras criaturas; André Luiz, agora, diz a mesma coisa, de outra forma, ao mencionar que os animais que não são destacados para alguma tarefa entram em hibernação e logo reencarnam.

Depreendemos, assim, que no mundo espiritual os animais não utilizados em alguns serviços não têm vida consciente, mas vegetativa, e isso responde à pergunta de como vivem lá: sem qualquer relacionamento uns com os outros; assim, não havendo ação de predadores inexistem presas; mantidos em hibernação não se alimentam, não brigam, não se reproduzem, não se deslocam.

- reporta a presença de alguns animais em atividade no mundo espiritual, como aves, cães, cavalos, íbis viajores, muares. Alguns são "escalados" para tarefas diversificadas (cães e cavalos, na maioria das vezes, como se vê, respectivamente, em *Nosso Lar*, cap. 33, p. 183, 48. ed., 1998, e em *Os Mensageiros*, cap. 28, p. 149, 9. ed., 1975 – ambas as obras psicografadas por F. C. Xavier, Ed.FEB, RJ/RJ);
- menciona, ainda em *Nosso Lar*, cap. 33, p. 184, sobre a existência no plano espiritual de "Parques de estudo e experimentação", referente a animais, sendo que sobre eles há valiosas lições no Ministério do Esclarecimento. O autor espiritual não deu detalhes.

3. Marcel Benedeti:

Médico veterinário, brasileiro, desencarnado aos 47 anos em 1º de fevereiro de 2010, notabilizou-se como escritor espírita e dedicado defensor dos animais. Dentre suas inúmeras atividades em prol dos animais, destacamos vários livros nos quais, sob inspiração de um Protetor espiritual, deixou registradas inéditas e preciosas informações da vida dos animais no mundo espiritual. Nessas obras Marcel narra a existência de colônias específicas para animais no mundo espiritual, constando que tal narração é inédita. A descrição e os detalhes dessas colônias trazem em seu bojo um panorama de atividades zoófilas, a cargo de Espíritos que amam aos animais. De forma comovente são narradas atividades de atendimento e carinho aos incontáveis animais que aportam no mundo espiritual, em estado de necessidade, trazendo no corpo perispiritual dolorosas marcas da insensatez e crueldade humanas...

De antemão fica explícito que as narrações de Marcel, de alguma forma, ampliam a informação do Espírito André Luiz referente a animais no mundo espiritual, particularmente sobre os "parques de estudo e experimentação", ambas as fontes trazendo o selo da Bondade da Providência Divina para com todos os seres da criação.

Encerrando estas já não breves reflexões, como suposição, cremos firmemente que dentro do quadro de animais domésticos desencarnados, que foram amados por seus donos, sabendo que por pouco tempo permanecem no plano espiritual, há a probabilidade de àquele convívio terreno retornarem, a breve tempo após a desencarnação. Um sinal disso seria a chegada de novo animal no lar. Embora com os automatismos biológicos específicos da espécie, tendo comportamento individual diferenciado, igualzinho ao daquele que morava ali anteriormente e há algum tempo foi para a outra margem do Rio da Vida...

O bondoso Chico Xavier, consolando duas senhoras aflitas que o procuraram, lamentando a morte do cachorrinho de estimação, disse-lhes: *"quando nossos animais domésticos morrem, é comum eles ficarem em nossas casas. Eles também têm alma. Os Espíritos que cuidam da natureza costumam deixá-los por algum tempo na casa do dono, até que possam nascer novamente"*.

Reencarnação de animais

A reencarnação é instrumento divino da Lei do Progresso.

A ambos contempla – homem e animal. No animal é quase sequencial à morte. Não podendo escolher em que espécie reencarnar, pela inexistência de livre-arbítrio, podemos supor que, à medida que progridem (acúmulo de experiências), os animais vão subindo os galhos da árvore genealógica da espécie. Assim, talvez não seja exagero conjecturarmos que o gato mansinho de hoje terá sido ontem o felino selvagem e predador, de grande porte; o cão, agora fiel e amigo do homem, talvez tenha iniciado a palmilhar existências como chacal ou lobo...

Obs.: alguns animais podem demorar a reencarnar; isso se deve à decisão dos Espíritos deles incumbidos, que mantêm alguns no mundo espiritual, em tarefas auxiliares às atividades daquele plano (cães e cavalos, por exemplo, muito citados na literatura espírita).

Pinçamos mais algumas premissas do Espiritismo sobre a reencarnação dos animais:

- os animais, após a desencarnação, segundo Kardec (Q. 600 de *O Livro dos Espíritos*), embora mantendo também sua individualidade, são agrupados e mantidos sob cuidados de Espíritos especializados; repetindo: neles, a reencarnação não se demora;
- quanto aos seres mais evoluídos no reino animal, dentre os quais os cães, símios, bovinos, equinos, felinos (gatos, em particular), golfinhos e outros, embora não possamos afirmar com inteira convicção, é muito provável, mas muito mesmo, que os criados em ambiente doméstico e que foram amados por seus donos, ao convívio deles talvez retornem, a breve tempo após a desencarnação;
- o Amor é a mais sublime vertente do Universo, por isso foi que o Apóstolo João recitou: "DEUS É AMOR!" (I João, 4:8). Amor é linguagem universal, entre todos os seres vivos. Fazemos essa citação para analisar que é muito provável que animais recém-desencarnados, embora não tenham condições de se manifestar, certamente recebem as boas vibrações de amor daqueles que os amaram, quando encarnados;
- registramos, como simples suposição: em casa, temos 99% de suspeitas de que alguns dos nossos gatos (somos "gateiros de carteirinha", embora minha esposa e meus dois filhos amemos a todos os animais) são a reencarnação de alguns que, conquanto tenham feito a Grande Viagem, deixando profundas marcas de saudade em nossos corações, são sim os mesmos. Pois só quem convive com gatos há quase 40 anos, como nós, pode perfeitamente avaliar os costumes dos felinos, cada qual tendo seu canto próprio, suas manias, sua linguagem, sua forma de demonstrar gratidão, medo, carinho, fome etc. Em casa, tivemos gatos que conosco conviveram por 14, 15 e até 18 anos.

Atualmente (2015) temos o *Josué* (8 anos) e a *Pituca* (quase 4 anos).

Ora, quando um gato, dentre tantos, repete os mesmos gestos e apresenta os mesmos costumes, permitimo-nos conjecturar que pode ser a reencarnação de um daqueles que já havia morado conosco e que procedia exatamente assim.

– assim, dentro do quadro de animais domésticos desencarnados, que foram amados por seus donos, sabendo que por pouco tempo permanecem no plano espiritual, embora não possamos afirmar com inteira convicção, é muito provável, mas muito mesmo, que àquele convívio terreno retornem, a breve tempo após a desencarnação. Não sendo improvável, da mesma forma, que se nossa desencarnação for próxima à deles, talvez possamos encontrá-los no plano espiritual, considerado nosso patamar evolutivo e principalmente nosso merecimento.

– É uma esperança!

Nota

Sempre que repassamos essas reflexões surge a pergunta do dono de animal que morreu: "como saber se o animal de hoje, geralmente filhote, é aquele 'que perdemos' e agora está à nossa frente?".

Respondo que não há ninguém com atribuição Divina para saber isso; no entanto, podemos formular a seguinte hipótese: a troca de olhar talvez seja uma primeira sinalização positiva...; se irromperem intensas vibrações íntimas na alma do ser humano, eis outra, a segunda...

Castração de animais

– Castrar animais?

Esta, outra pergunta insistentemente formulada pelos donos de animais.

Respondendo... Vamos lá:

– Quanto à castração de animais, não podemos aconselhar, nem sim, nem não. Há vários componentes nessa questão, tanto de ordem moral quanto material. A decisão tem que ser individual, de cada dono de animal.

O que podemos informar, tão somente como opinião, é que – entre a alternativa cruel do abandono, ou a castração, consideramos útil essa providência (castração) mil vezes preferível a deixar as multiplicadas crias virem ao mundo e depois abandoná-las, ou o que é pior, sacrificá-las.

Encontramos expressivo respaldo na resposta em *O Livro dos Espíritos*, questão 693, com trechos que reproduzimos:

Q.693 – São contrários à lei da Natureza as leis e os costumes humanos que têm por fim ou por efeito criar obstáculos à reprodução?

R: Tudo o que embaraça a Natureza em sua marcha é contrário à lei geral.

> a) – Entretanto, há espécies de seres vivos, animais e plantas, cuja reprodução indefinida seria nociva a outras espécies e das quais o próprio homem acabaria por ser vítima.
> – Pratica ele ato repreensível, impedindo essa reprodução?
> R: Deus concedeu ao homem, sobre todos os seres vivos, um poder de que ele deve usar, sem abusar. Pode, pois, regular a reprodução, de acordo com suas necessidades.

Eutanásia animal

A revista mexicana *La Voz de los Animales* considera que o abandono de animais (de estimação) é para eles o pior castigo; recomenda que é preferível proporcionar-lhes morte piedosa (se possível, sob cuidados de um veterinário).

Conquanto a admiração que nutrimos por aquela revista – toda ela dedicada à proteção dos animais –, respeitosamente discordamos.

Discordamos porque, como cristãos, jamais poderíamos aceitar um ou outro procedimento, à guisa de tal ser imperativo. Se é ruim o abandono do animal que conviveu longos tempos sob a proteção do seu dono, pior será sua execução, quando tal proteção não mais seja possível. O fato é que não se deve descartar um animal de longa (ou curta...) convivência doméstica como se desfaz de um chinelo velho: qualquer argumento falecerá ante as regras da vida e da ética.

Morte piedosa do animal, à decisão do dono, só quando o veterinário atestar que traumas ou doenças sejam irreversíveis, além de acompanhadas de dores insuportáveis.

Em 1995, foi realizado em São Paulo um encontro internacional para debater maus-tratos contra animais de estimação – basicamente, cães e gatos. Temas centrais: controle da reprodução (por esterilização ou castração), bem-estar dos animais e educação, de seus donos. Atividade a ser mundialmente revista é a forma como os países sacrificam animais abandonados nas ruas: envenenamento, eletrocussão ou descompressão em câmaras de vácuo. Todos esses métodos provocam sofrimentos no animal, por cerca de um a três minutos, antes de morrer. Se o holocausto for inevitável (indispensável diagnóstico médico veterinário), que seja por anestésicos que provocam a morte indolor, tal como ocorre em Londres, onde os animais que são sacrificados recebem injeções e morrem em menos de um segundo, sem sofrimento.

Obs.: Não podemos confundir fatos e nem devemos nos esquecer que no O Evangelho Segundo o Espiritismo, *cap. V, nº 28, consta ser grave equívoco a eutanásia, sob o pretexto de carma sendo esgotado nos casos de doenças incuráveis, com desencarne previsto pela Medicina. O espírito humano tem aí (paciente terminal) preciosíssima oportunidade de reflexão e arrependimento, crescendo às vezes num minuto o quanto não fez na vida toda.*

Quanto ao animal, possuindo também uma alma, embora diferente da humana, não lhe é acometido carma (nem bom, nem mau – por não possuir livre-arbítrio), nem lhe ocorrem reflexão ou arrependimento, em qualquer instante, de atos praticados durante sua vida (por não possuir consciência). Dever cristão é que impõe ao dono ampará-lo até o último sopro de vida, para morrer em paz e para com gratidão ao ser humano chegar às regiões espirituais que Deus lhe concede.

Nota

O Espiritismo consigna com claridade solar que a eutanásia é prática contrária às Leis Divinas, registrando "o valor do último pensamento" de um moribundo em estado desesperador, quando poderá ele despertar para o entendimento espiritual e esse minuto "poupar muitas lágrimas no futuro". Quanto a animais, não trata especificamente do tema eutanásia.

Não nos atrevemos a aconselhar a eutanásia.

O tema é ardente e pode suscitar muita controvérsia.

Refletimos apenas que, exclusivamente nos casos em que animais em estado terminal forem sacrificados, sem dor, para evitar-lhes sofrimento, quem os ama isso decide por amor, daí advindo alívio para o animal e pungente dor para o dono... Extremamente aconselhável nesses momentos ser consultado um Médico Veterinário... e a consciência, pois Deus, o Pai de Amor por todos os Seus filhos, conhece a intenção daqueles que agem por amor!

Metempsicose

Metempsicose quer dizer: transmigração de almas, de um para outro corpo – reencarnação da alma, após a morte, num corpo humano, animal ou num vegetal. Essa teoria caracterizou algumas religiões antigas no Egito, na Índia e na Grécia.

Soberbo equívoco, um espírito reencarnar em reino inferior. Tal constituir-se-ia em retrogradação (inexistente nos planos da Natureza), pois seria impossível ao espírito anular seu progresso e habitar no animal, ou em planta, sem inteligência, sem consciência, sem moral, sem livre-arbítrio, sem sentimentos.

A metempsicose[17] seria verdadeira se por ela se entendesse a progressão da alma de um estado inferior para um superior (animal-homem), e assim mesmo sem fusão, isto é, teriam que ser realizados os desenvolvimentos que transformariam a alma animal na humana.

Vemos na questão 613 de O Livro dos Espíritos: "o ponto de partida dos Espíritos é uma dessas questões que se ligam ao princípio das coisas e que estão nos segredos de Deus. Não é permitido ao homem conhecê-lo de maneira absoluta, e ele somente pode fazer a esse respeito suposições, construir sistemas mais ou menos prováveis. Os próprios Espíritos estão longe de conhecer tudo; sobre o que não sabem podem também ter opiniões pessoais, mais ou menos sensatas. (...) Quanto às relações misteriosas que existem entre os homens e os animais, está aí, nós repetimos, o segredo de Deus, como muitas outras coisas cujo conhecimento atual não importa ao nosso adiantamento e sobre as quais seria inútil insistir".

Elo entre animal e hominal

Encontrar ou decifrar o "elo perdido" talvez seja o maior desafio científico de todos os tempos!

Não lograram êxito os maiores cérebros humanos dedicados a encontrar, explicar e provar o ponto de hominização do animal e suas sucessivas escalas evolutivas conducentes ao patamar do atual Homo sapiens (nós...).

É nesse ponto que o Espiritismo, em socorro da curiosidade investigativa, ilumina de forma incomparável tão escuros labirintos, nos quais as Ciências se debatem há muito tempo:

– os animais que se destacam realizam estágios intermediários de vida material em planetas inferiores à Terra. Nesses

---

17. Em O Livro dos Espíritos, questão nº 611, 1999, Ed.Petit, SP/SP. (N.A.)

planetas, engenheiros siderais, prepostos do Cristo, modificam seus revestimentos espirituais (perispírito), para adequá-los à fala e à vida racional; considerando que o perispírito é o molde do corpo físico, aí reside a semelhança física do homem com alguns animais; também é por esse motivo que a Ciência ainda não localizou o "elo perdido", isto é, não conseguiu determinar quando foi que o homem "desceu da árvore" (deixando de ser macaco): é que a transição ocorre no plano espiritual...

– Allan Kardec, já em 1857, trouxe-nos a informação do "Espírito de Verdade" – o Mestre Jesus –, sobre o início do estado da humanidade:

– "a inteligência do homem e a dos animais emanam de um princípio único, mas no homem ela passou por uma elaboração que a eleva sobre a dos brutos";[18]

– "a Terra não é o ponto de partida da primeira encarnação humana. O período de humanidade começa, em geral, nos mundos ainda mais inferiores. Essa, entretanto, não é uma regra absoluta e poderia acontecer que um Espírito, desde o seu início humano, estivesse apto a viver na Terra. Esse caso não é frequente, e seria antes uma exceção".[19]

O Espírito Emmanuel, em 1938, informou,[20] em linhas gerais:

- todas as espécies vivas tiveram delineada sua linhagem evolutiva;
- Jesus, com seus Engenheiros Siderais auxiliares, orientou as grandes transformações materiais da Terra, desde o período terciário, de forma a sustentar aos seres viventes sua marcha rumo à racionalidade;

---

18. *O Livro dos Espíritos*, questão nº 606, 1999, Ed.Petit, SP/SP. (N.A.)
19. *O Livro dos Espíritos*, questão nº 607, 1999, Ed.Petit, SP/SP. (N.A.)
20. *A Caminho da Luz*, psicografia de F. C. Xavier, cap. II, 13. ed., 1985, FEB, RJ/RJ. (N.A.)

- peixes, répteis e mamíferos tiveram linhagem fixa de desenvolvimento;
- quanto ao homem, não escaparia a esse mesmo processo: assim, os antropoides das cavernas espalharam-se pela Terra e, após séculos e mais séculos de experiências (sob supervisão de elevadas entidades espirituais), vamos encontrá-los constituindo nossos antepassados distantes; após outros inumeráveis séculos, preciosas equipes do plano invisível operaram, nas regiões siderais e nos intervalos de suas reencarnações, a sublime e definitiva transição no corpo perispiritual daqueles primatas; surgem então os primeiros selvagens, cuja compleição em muito assemelhava-se à nossa atual;
- como Deus não cessa de criar, justo será deduzirmos que também é permanente o labor sideral, acima descrito.

Ainda o Espírito Emmanuel, em 1940, em *O Consolador*:

Questão 79 – "Como interpretar nosso parentesco com os animais?"

Resposta: "Considerando que eles igualmente possuem, diante do tempo, um porvir de fecundas realizações, através de numerosas experiências chegarão, um dia, ao chamado reino hominal, como, por nossa vez, alcançaremos, no escoar dos milênios, a situação de angelitude. A escala do progresso é sublime e infinita. No quadro exíguo dos vossos conhecimentos, busquemos uma figura que nos convoque ao sentimento de solidariedade e de amor que deve imperar em todos os departamentos da natureza visível e invisível. O mineral é atração. O vegetal é sensação. O animal é instinto. O homem é razão. O anjo é divindade. Busquemos reconhecer a infinidade de laços que nos unem nos valores gradativos da evolução e ergamos em nosso íntimo o santuário eterno da fraternidade universal".

– O Espírito André Luiz, em 1958, consigna:[21]

- "orientadores da Vida Maior acolhem animais nobres desencarnados (como se faz na Terra com crianças de tenra idade), internando-os em verdadeiros 'jardins de infância', para os primeiros aprendizados a se fixar no cérebro, de forma sequencial e progressiva; ali, reunidos por simbiose comportamental, seus centros nervosos se exercitam, tudo a cargo de instrutores celestes;
- escoando-se os milênios, da junção de forças sensitivas e vegetativas, o centro coronário, entrosando-se com o centro cerebral, permite ao espírito, já agora equipado de autoescolha, com responsabilidade, pavimentar sua rota evolutiva, rumo a Deus."

Existindo mundos inferiores, ou geologicamente mais novos que o nosso, certamente a maioria dos seus habitantes terá grau evolutivo também inferior ao nosso e será ali que encontrarão as melhores condições para seu progresso.

Sabendo que o perispírito se forma da matéria cósmica do mundo em que o ser vai habitar, servindo de molde para o corpo físico; sabendo que nos mundos felizes habitam espíritos evoluídos, cujo perispírito ou é quase diáfano ou mesmo prescindível, lógico será supormos que nos mundos involuídos o perispírito será de textura densa; temos, assim, que animais terrestres, por seu mérito, irão para mundos inferiores à Terra, onde estagiarão até poderem a ela retornar, já agora como homens selvagens, mas com corpos mais elegantes; outro não será o motivo pelo qual, no intervalo das reencarnações, cirurgiões celestiais promovem nos perispíritos as mudanças tendentes a adequá-los ao mundo a que, por mérito, forem transferidos ou recambiados.

---

21. *Evolução em Dois Mundos*, psicografia de F. C. Xavier e W. Vieira, cap. IX, 11. ed., 1989, FEB, RJ/RJ. (N.A.)

Promoção do animal ao hominal – Finalmente: o "elo perdido"

Os milênios escorrem, e o PI chega ao reino animal, do qual, um dia, também distante, será transferido, segundo estatuto da Providência Divina, para um degrau acima... O reino hominal, o da inteligência contínua!

Sobre essa fantástica transição do animal à humanização, eis o que encontramos na literatura espírita:

– no livro *Evolução em Dois Mundos*, do autor espiritual André Luiz, psicografia de F. C. Xavier/ W. Vieira, informações transcendentes sobre a evolução do animal ao reino hominal:

> a) *À maneira de crianças tenras, internadas em jardim de infância para aprendizados rudimentares, animais nobres desencarnados, a se destacarem dos núcleos de evolução fisiopsíquica em que se agrupam por simbiose, acolhem a intervenção de instrutores celestes, em regiões especiais, exercitando os centros nervosos.* (cap. IX. *Evolução e Cérebro*, p. 67-68).

Obs.: Vemos aqui, salvo melhor juízo, pista para entendimento sobre o chamado "elo perdido" dos biólogos e naturalistas: ele não se processa na Terra, e sim no mundo espiritual, por geneticistas celestes...

> b) *A girencefalia (característica dos cérebros com circunvoluções, o que possibilita uma maior área cortical – de córtex. Ex: cérebro dos primatas) e a lissencefalia (condição de cérebro sem circunvoluções, o que resulta em pequena área cortical) obedecem a tipificações traçadas pelos Orientadores Maiores, no extenso domínio dos vertebrados, preparando o cérebro humano com a estratificação de lentas e múltiplas experiências sobre a vasta classe dos seres vivos.* (Ainda no cap. IX. Evolução e Cérebro, p. 67-68);

> c) *(...) Nomearemos o cão e o macaco, o gato e o elefante, o muar e o cavalo, como elementos de vossa experiência usual, mais*

107

amplamente dotados de riqueza mental, como introdução ao pensamento contínuo.

(cap. XVIII. Evolução e destino, p. 212).

d) Ora, acoplando as informações de Kardec, Emmanuel e André Luiz, não padecem aos espíritas quaisquer dúvidas de que o homem procede do animal.

E mais que isso: o "elo perdido" já não mais o é, eis que, pela pluralidade dos mundos, ao Espiritismo é perfeitamente aceitável que, se tal elo não está na Terra, pode perfeitamente localizar-se nas "muitas moradas" a que Jesus se referiu.

Ainda sobre a promoção do irracional à racionalidade (de animal a homem) – o chamado "elo perdido" dos naturalistas – encaminhamos o leitor ao livro que já citamos – *A Caminho da Luz* –, de Emmanuel/F. C. Xavier, cap. II, item A grande transição, p. 31, onde, em síntese, consta:

"(...) *As descobertas da Paleontologia, quanto ao homem fóssil, são um atestado dos experimentos biológicos a que procederam os prepostos de Jesus, até fixarem no 'primata' os característicos aproximados do homem futuro. (...) As hostes do invisível operaram uma definitiva transição no corpo perispiritual preexistente, dos homens primitivos...*". (Grifamos)

Repetimos: a nós não padece dúvida de que o "elo perdido" não está na Terra...

À medida que ocorre a sua individualização, na extensa rota de experiências, no reino animal o PI já tem uma alma, porém inferior à do homem;[22] assim sendo, é lícito deduzir que revestindo essa alma há um corpo astral – o perispírito –, sutil, mas ainda material (como já registramos) e sempre mais grosseiro do que o do homem.

---

22. Em *O Livro dos Espíritos*, questões nº 597 e 597ª.

Segundo *O Livro dos Espíritos*, à questão 613 consta que o homem não sabe qual o ponto de partida do Princípio Inteligente (se estagia ou não nos reinos mineral e vegetal); aliás, vemos na questão 607.a que animais de algumas das espécies que irão se humanizar terão seus respectivos PI gradativamente equipados pela Providência Divina de instinto e automatismos fisiológicos[23] específicos.

Tais automatismos representarão poderosos equipamentos para possibilitar-lhes a existência e a sobrevivência nos rudes crivos que terão de superar até a humanização, quando então, ainda com tais condicionamentos automáticos (que possibilitam o metabolismo) serão equipados, pelos Gestores Celestiais, de três abençoadas e incomparáveis ferramentas morais, na sequência do elevado voo da Evolução: livre-arbítrio, inteligência contínua e consciência!

Nota: Mesmo para aqueles que relutam em aceitar ou que tenham dificuldades de assimilar a possibilidade da Providência Divina de equipar o DNA do "indivíduo" com mecanismos para enfrentar suas novas "tarefas", basta fazermos um pálido paralelo com o ser humano que é capaz de introduzir um programa no computador para que este execute determinadas tarefas automaticamente.

Outros reinos naturais e vida em outros mundos

Tratando-se da promoção de seres vivos a patamares mais evoluídos, além das espécies do reino animal citadas, de nossa parte não encontramos maiores referências ou detalhes referentes aos répteis, insetos, aves, peixes, ou sobre as demais incontáveis espécies zoológicas, incluindo-se as extintas no planeta.

Não obstante, Allan Kardec deixou registrada importantíssima informação no livro *A Gênese*, no cap. VI – Uranografia Geral, item A Criação universal, nº 18:

---
23. Em *Evolução Em Dois Mundos*, 1ª Parte, cap. IV, p. 37.

Esse fluido (Fluido Cósmico) penetra os corpos, como um oceano imenso. É nele que reside o princípio vital que dá origem à vida dos seres e a perpetua em cada globo, conforme a condição deste princípio que, em estado latente se conserva adormecido onde a voz de um ser não o chama. Toda criatura, mineral, vegetal, animal ou qualquer outra – porquanto há muitos outros reinos naturais, de cuja existência nem sequer suspeitais – sabe, em virtude desse princípio vital e universal, apropria as condições de sua existência e de sua duração. (Grifamos)

- De posse dessa informação, apenas como "hipótese de trabalho", sabendo que a divina Lei do Progresso age inexoravelmente em favor de todos os filhos do Supremo Criador, nada nos objeta supor – apenas supor – que incontáveis espécies animais que na Terra não se humanizam talvez sejam enquadradas em outras rotas ou processos evolutivos, em outros mundos, absolutamente desconhecidos do homem;
- quanto aos vegetais, não encontramos detalhes nas nossas pesquisas, e por isso não temos condição de sequer registrar como evoluem, a não ser apenas opinar. Registramos, apenas à guisa de consolação para nós mesmos, que no reino vegetal há uma imensidade de plantas e árvores. Daí que devaneamos sobre as árvores frutíferas, talvez como sendo as mais evoluídas.

Considerando também a incontável quantidade de minerais, sempre nos intrigou o seguinte: evoluem?

Pedindo licença ao leitor atrevemo-nos a ocupar espaço aqui para registrar como simples opinião que nos visita a mente: sim, evoluem!

Os minerais, da rocha bruta às pedras preciosas; talvez – só talvez – isso seja demonstrativo de uma escala evolutiva. Simples conjetura nos leva a imaginar que o Princípio Inteligente pode ter percorrido alguns graus daquelas escalas. Será?

Caro leitor não espírita: se você nos acompanhou até aqui, encarecemos que medite sobre a palavra vinda do Plano Maior e conceda à razão uma oportunidade de considerar, como hipótese de trabalho, as premissas expostas. A paisagem ora ofertada aos seus olhos espirituais deve ser vista de várias janelas, não apenas de um ponto fixo.

– E então?

Elos da Vida

Aceito o princípio evolucionista segundo o qual o homem estagiou em algumas espécies do reino animal inferior, surge apaixonante incerteza – é a questão muito discutida nos meios espíritas, sobre a qual voltamos e gostaríamos de nos debruçar: O Princípio Inteligente (que no animal tem espírito inferior ao do homem), nos seus primeiros instantes estagiou no reino mineral, depois no vegetal e só então adentrou no reino animal?

Muitos, mas muitos mesmo, acham que sim. Outros, que não...

Uns e outros, na verdade, apenas expressam sua opinião, isso não se constituindo nada mais do que um exercício intelectual de reflexões sobre o desconhecido. Vejamos algumas dessas opiniões:

Baseiam-se:

1º A questão 540 de *O Livro dos Espíritos* traz informe dos Espíritos sobre a progressão do princípio inteligente, complementando que "O arcanjo começou do átomo";

2º Léon Denis (1846-1927), considerado o "consolidador do Espiritismo": "Na planta a inteligência dormita; no animal, sonha; só no homem acorda, conhece-se, possui-se e torna-se consciente".[24]

---

24. *O Problema do Ser, do Destino e da Dor*, cap. IX – Evolução e Finalidade da Alma, 17. ed., 1993, FEB, RJ/RJ. (N.A.). Frase que Leon Denis utilizou, talvez inspirado no poema do poeta islâmico Jalalu Rumi (1207-1273).

Obs: Fizemos essa citação para demonstrar que Léon Denis não se referiu a estágio do P.I. no mineral.

3º André Luiz (Espírito):

a) "A crisálida de consciência, que reside no cristal a ralar na corrente do rio, aí se acha em processo liberatório."[25]

b) "Das cristalizações atômicas e dos minerais, dos vírus e do protoplasma, das bactérias... a mônada... atravessou os mais rudes crivos da adaptação..."[26]

Aprofundando análises nas assertivas acima, aparentemente quase irrecusáveis, podemos tirar ilações que, sem desautorizá-las, tenderão a modificar-lhes o significado de uma primeira leitura rápida. Vejamos:

Kardec:

— se aceitarmos que o arcanjo originou-se no átomo, desaparece o reino inorgânico, o que não é possível. Por isso, outro deve ser o entendimento da expressão "átomo": *indivisível*, isto é, do ser unicelular ao multicelular;[27]

— "a matéria inerte, que constitui o reino mineral, não possui mais do que uma força mecânica";[28]

— "a vida é um efeito produzido pela ação de um agente (Princípio Vital) sobre a matéria. Esse agente, sem a matéria, não é vida, da mesma forma que a matéria não pode viver sem ele. É ele que dá vida a todos os seres que o absorvem e assimilam".[29]

Obs: Nós próprios, ao tocar gigantescas rochas tais como o Pão de Açúcar (RJ), Pedra do Baú (São Bento do Sapucaí/

---

25. *No Mundo Maior*, psicografia de F. C. Xavier, cap. III, 7ª ed., 1977, FEB, RJ/RJ. (N.A.)
26. *Evolução em Dois Mundos*, psicografia de F. C. X. e W. Vieira, cap. III, 11. ed., 1989, FEB, RJ/RJ. (N.A.)
27. *O Livro dos Espíritos*, questão nº 540, 1999, Ed. Petit, SP/SP. (N.A.)
28. *O Livro dos Espíritos*, questão nº 585, 1999, Ed. Petit, SP/SP. (N.A.)
29. *O Livro dos Espíritos*, questão nº 63, 1999, Ed. Petit, SP/SP. (N.A.)

SP), ou em rochas intermediárias, como "Pedra Balão" (Poços de Caldas/MG), "Pedra do Jacaré" (Caraguatatuba/SP), imaginamos que, além da sua enorme força de agregação atômica, talvez, apenas talvez, possam ser "berço" do P.I. (Princípio Inteligente). Obviamente, isso não passa de opinião, nada mais. Então, com Kardec, não nos debruçamos nesse assunto, porque é um dos "mistérios de Deus". E assim, plenos de amor e respeito, enquanto Espíritos emudecemos quando "quase ouvimos" as rochas nos dizerem como é insondável o princípio das coisas e da Vida... a imortalidade.

Ao falar de rochas registramos as poéticas palavras do Espírito Kahena:[30]

"As pedras são, de certo modo, filhas das águas, e o laboratório que as transformou em estrutura óssea do planeta foi o tempo." Mais adiante: "Nós outros, em tempos idos, nos servimos das rochas, como sendo nossos corpos, na fieira do primitivismo, como sendo o alicerce do nosso edifício de ascensão". Repetindo, com Kardec: apenas "opinião pessoal" desse Espírito.

Continuamos neste tema e nos questionamentos para expor como essa questão palmilhou a mente de tantos estudiosos espíritas com oferta para análises:

- de alguma forma, absolutamente insondável, quando da nossa criação por Deus, ou na "pré-criação", teríamos ou não estagiado nas rochas?
- tal estágio, se houve, seria o responsável pelo nosso sentido físico de agregação molecular?
- seria essa a explicação para que o nosso organismo seja formado de alimentos e substâncias provindas do solo (sendo, esse, rochas dissolvidas pela ação do tempo)?

---

30. *Canção da Natureza*, p. 82, 1. ed., 1989, Ed. Fonte Viva, BH/MG. (N.A.)

Léon Denis:

- Como citamos anteriormente, no seu livro *O Problema do Ser, do Destino e da Dor*, cap. IX, diz-nos que a vida começa já no reino vegetal e que "o homem é, ao mesmo tempo, espírito e matéria, alma e corpo... matéria e espírito talvez sejam formas imperfeitas da expressão das duas formas de vida eterna (dois princípios criados por Deus: material e espiritual); na planta a inteligência dormita".
- em sua linguagem peculiar diz, no cap. XVIII: "as estações sucedem-se no seu ritmo imponente. O inverno é o sono das coisas; a primavera é o despertar..."

Tudo indica que deve ser atribuído às citações o sentido figurado.

Léon Denis reconhece, na mesma obra, ainda no cap. IX: "a cadeia das espécies, até nós, desenrola-se desde a célula verde, desde o embrião errante, boiando à flor das águas..."

– ainda Léon Denis:[31] "já dissemos: a inteligência não pode provir da matéria...; nada têm de comum as faculdades da alma com a matéria".

Pensar que "a alma dorme na pedra" só pode ser aceita como expressão poética. Aceitá-la, como o fazem alguns espíritas, nos arremessaria a um labirinto, já que o início da matéria antecede ao do Espírito, mas desde quando? Não podemos nos esquecer que em *O Livro dos Espíritos* consta que *só Deus* sabe se a matéria existe desde toda a eternidade ou não.[32]

André Luiz, J. Herculano Pires e Emmanuel:

- André Luiz, em *Evolução em Dois Mundos*, ao citar "a crisálida de consciência que reside no cristal...", certamente referia-se à mônada celeste, como ideia do início da grande

---

31. *Depois da Morte*, cap. 10 (A Vida Imortal), 18. ed., 1994, FEB, RJ/RJ. (N.A.)
32. *O Livro dos Espíritos*, questão nº 21, 1999, Ed. Petit, SP/SP. (N.A.)

peregrinação evolutiva da alma, isto é, o instante exato da criação do ser vivo unicelular com "princípio inteligente" – ("simples e ignorante", nos termos de O Livro dos Espíritos).

– ainda falando sobre os primórdios da vida, diz-nos que: "as mônadas celestes exprimem-se no mundo através da rede filamentosa do protoplasma de que se lhes derivaria a existência organizada no Globo constituído".[33]

Obs.: Apenas para auxiliar conjeturas, em face da transcendentalidade que reveste a origem dos seres vivos, deduzimos que as "mônadas celestes" foram trazidas do plano espiritual, pelos Mensageiros Auxiliares de Deus, "materializando-se" na Terra, no reino orgânico, manifestando-se inicialmente no protoplasma.

a) *Diz Emmanuel (Espírito): "o protoplasma foi o embrião de todas as organizações do globo terrestre, e, se essa matéria, sem forma definida, cobria a crosta solidificada do planeta, em breve a condensação da massa dava origem ao surgimento do núcleo, iniciando-se as primeiras manifestações dos seres vivos. Os primeiros habitantes da Terra, no plano material, são as células albuminóides, as amebas e todas as organizações unicelulares, isoladas e livres, que se multiplicam prodigiosamente na temperatura tépida dos oceanos"*;[34]

b) *André Luiz (Espírito), em* Evolução em Dois Mundos, *cap. III: "estagiando nos marsupiais e cetáceos do eoceno médio, nos rinocerotídeos, cervídeos, antilopídeos, equídeos, canídeos, proboscídeos e antropoides inferiores do mioceno e exteriorizando-se nos mamíferos mais nobres do plioceno, incorpora aquisições de importância entre os megatérios e mamutes, precursores da fauna atual da Terra, e, alcançando os pitecantropoides da era*

---

33. *Evolução em Dois Mundos* (já citado), 1ª Parte, cap. 3. (N.A.)
34. *A Caminho da Luz* (já citado), cap. II. (N.A.)

quaternária, que antecederam as embrionárias civilizações paleolíticas, a **mônada** *vertida do Plano Espiritual sobre o Plano Físico atravessou os mais rudes crivos da adaptação e seleção, assimilando os valores múltiplos da organização, da reprodução, da memória, do instinto, da sensibilidade, da percepção e da preservação própria, penetrando, assim, pelas vias da inteligência mais completa e laboriosamente adquirida, nas faixas inaugurais da razão".* (19)

c) *Diz o Prof. Herculano Pires, "o sopro de Deus nas ventas do homem de barro, para infundir-lhe o princípio da vida e da inteligência, é a ligação do espírito com a matéria na formação da* **mônada***; as mônadas diferenciadas, com características específicas, seriam semeadas no espaço para a germinação lenta, mas segura e contínua, dos conteúdos essenciais de cada uma delas; a mônada é a semente do ser, da criatura humana e divina que dela surgirá nas dimensões da temporalidade".*[35]

Já conceituado o vocábulo *mônada*, se nós substituirmos na questão 585 de *O Livro dos Espíritos* a palavra *átomo* por "mônada celeste", poderemos melhor compreender (ou imaginar) como a vida se interliga entre os reinos material e espiritual:

Matéria

– criada por Deus, em tempos anteriores aos seres vivos; à questão nº 21, de *O Livro dos Espíritos*, que já citamos: "Deus jamais esteve inativo; só Ele sabe se a matéria existe desde toda a eternidade ou não";

– possui forças mecânicas – força de atração e agregação (átomos);

---

35. *Agonia das Religiões*, cap. VII ("Do Princípio Inteligente"), 3. ed., 1989, Paidéia, SP/SP. (N.A.)

- é instrumento para a vida de todos os seres vivos;
- agrega-se e desagrega-se constantemente por fatores físicos ou químicos, mas apenas até ao nível dos átomos; tais átomos, desagregados, cedo ou tarde retornam ao solo, a ele reintegrando-se.

Princípio Inteligente:

- criado por Deus – obra que não cessa;
- é dotado de Vida: possui princípio vital e um princípio espiritual, instintos (inicialmente) e inteligência, ao humanizar-se;
- extrai do reino inorgânico sua manutenção, durante toda a sua existência terrena;
- terminado seu ciclo vital, desagrega-se, e todos seus elementos constitutivos reincorporam-se ao solo – sua origem.

Sobre a origem do Princípio Inteligente inicialmente nos minerais, concorde com Kardec, consideramos perda de tempo discuti-la – esse é um dos mistérios de Deus.

Essa posição não implica considerá-la verdadeira, nem que inexistam outras: é que, para nós, ela reveste-se de maiores possibilidades, não de resolver a questão, mas de aquietar a divagação intelectual.

Nada nos impede supor que os minerais são o grande potencial de que se valeram os Engenheiros Siderais para, equipando as mônadas de porções energéticas deles, sob determinadas condições de desagregação, agrupamento e assimilação, formar o reino orgânico, em processos de fecundação. Individualizando tais porções de compostos minerais (embrião) aí situem o Princípio Vital, inicialmente em alma rudimentar, equipada de instintos e de movimentos, que, ao longo da marcha evolutiva, se demora no reino animal. Submetido permanentemente à Lei Natural de Progresso, na sucessão dos incontáveis degraus evolutivos, desenvolverá a inteligência, ingressando assim no reino hominal. Mais séculos, milênios e incontáveis existências e transitará nas ordens mais elevadas da espiritualidade, com mais amplas percepções de Deus, sentindo-O, o Amor Integral, a Inteligência Suprema, a Bondade Infinita.

Esse roteiro, que certamente todos estamos percorrendo, uns menos, outros mais à frente, representa a volta à origem, eis que por Deus fomos criados "simples e ignorantes", e a Ele retornaremos, simples e humildes, tal como são os Anjos.

Num exemplo simplista, talvez possamos entender a criação do espírito como sendo a maravilhosa escultura que é extraída de um bloco de pedra: esteve a escultura o tempo todo "dentro" da pedra, mas só se liberou e "nasceu" com a vontade e ação do artista sobre ela. Mesmo este exemplo é fraco, pois nele a escultura é parte da pedra e permanece imóvel e sem vida, como sua origem. Quando Michelangelo terminou uma de suas obras-primas – a escultura em mármore de Moisés, teria determinado: "*parla*" (fale)! Se a escultura tivesse obedecido, teríamos um exemplo melhor...

Porém, só Deus – "o Divino Escultor", no dizer do Espírito Emmanuel – produz a maravilha da criação de um ser; por mais rudimentar que seja, emoldurando a mônada com elementos inorgânicos (minerais), confere-lhe movimento, evolução, imortalidade – enfim, o dom supremo: a Vida!...

Gabriel Delanne alicerça a ideia de que a evolução do princípio inteligente começa no reino orgânico: "Se admitirmos que a força é uma maneira de ser, um aspecto da matéria, não haveria mais do que dois elementos distintos no Universo – matéria e espírito – irredutíveis entre si. O que caracteriza essencialmente o espírito é a consciência, isto é, o eu, da matéria. Desde as primeiras manifestações vitais, o eu evidencia a sua experiência, reagindo, espontaneamente, a uma excitação exterior. No mundo inorgânico tudo é cego, passivo, fatal: jamais se verifica progresso, não há mais que mudanças de estado, as quais em nada modificam a natureza íntima da substância. No ser inteligente há aumento de poder, desenvolvimento de faculdade latente, eclosão do ser, a traduzir-se por exaltação íntima do indivíduo"[36].

Finalmente, socorre-nos o Espírito André Luiz, ratificando que o princípio espiritual inicia sua jornada evolutiva no reino animal:

"(...) os organismos mais perfeitos da nossa Casa Planetária procedem inicialmente da ameba; logo depois da forma microscópica da ameba surgem no processo fetal os sinais da era aquática de nossa evolução, e, assim por diante, todos os períodos de transição ou estações de progresso que a criatura já transpôs na jornada incessante do aperfeiçoamento, dentro da qual nos encontramos, agora, na condição de humanidade".[37]

Consagramos todo nosso esforço na análise dessa difícil questão – início e elos da vida – com o intuito de lograrmos, ao final, poder afirmar conscientemente, como agora o fazemos: independentemente da origem, homens e animais são irmãos!

Animais em outros mundos

Na *Revue Spirite* (*Revista Espírita*), fundada por Allan Kardec em 1 de janeiro de 1858 e sob sua direção até 1869, é descrita pormenorizadamente a vida dos habitantes de Júpiter – animais e plantas, inclusive.[38]

Na mesma revista apareceu importantíssima e detalhada matéria, elaborada pelo seu responsável, tratando da pluralidade dos mundos e de suas condições de vida.[39]

---

36. *A Evolução Anímica*, cap. VI ("O Universo – A Matéria e o Espírito") 6. ed., 1989, FEB, Brasília/DF. (N.A.)
37. *Missionários da Luz*, psicografia de F.C. Xavier, cap. XIII, 21. ed., 1988, FEB, Brasília/DF. (N.A.)
38. *Revista Espírita*, Números 4 e 8, de abril e agosto de 1858, respectivamente. (N.A.)
39. *Revista Espírita* (Ano 1) nº 3, março de 1858. (N.A.)

Observamos que Kardec, na codificação da Doutrina Espírita, reportou-se a muitos dos assuntos tratados na referida revista; muitos, mas não todos.

Não incluiu, por exemplo, o assunto em epígrafe.

Parece-nos que também a extensa literatura espírita, até onde nos é dado conhecê-la (e certamente que nosso conhecimento é parcial), não renovou o tema nem nele se deteve, com profundidade.

Sua inclusão aqui, pois, é feita apenas para reportar tão instigante quanto transcendental assunto.

Naturalmente que há vida em outros mundos! Seria difícil, senão impossível, crer que o Supremo Arquiteto houvesse criado os incontáveis corpos celestes que compõem o Universo dispensando vida apenas a um deles: a Terra.

Eis o que encontramos na *Revista Espírita,* sobre os animais de Júpiter:[40]

- não se despedaçam entre si (não há ferocidade, nem instinto agressivo);
- vivem todos submissos ao homem, amando-se mutuamente;
- todos são úteis;
- são servidores e operários, inclusive construindo casas;
- ligam-se a uma família, em particular;
- sua linguagem é mais precisa que a dos animais terrestres.

Na mesma revista, temos, em síntese:[41]

- os animais de Júpiter são chamados de *animais* porque falta um vocábulo terrestre que situe um espírito em grau intermediário entre o homem e o animal, como são os seres bizarros inferiores daquele planeta;

---

40. *Revista Espírita,* nº 4, abril de 1858. (N.A.)
41. *Revista Espírita,* nº 8, agosto de 1858. (N.A.)

- ir para Júpiter é ascensão evolutiva dos animais terrestres, mercê do estudo atento de Espíritos da Natureza, disso encarregados, proporcionando-lhes emigrar sucessivamente em mundos intermediários, antes de Júpiter;
- cita como é feito tal estudo, dando um exemplo: o devotamento do cão que morre por seu senhor certamente lhe renderá justo salário além deste mundo;
- famílias agrupam consigo animais que lhes tenham sido devotados em vidas anteriores.

Obs.: na reportagem há descrição sobre a forma, vestes, linguagem, funções etc. dos animais de Júpiter; abstemo-nos de comentá-la, para evitar digressão e porque tal não traria maiores esclarecimentos ou novos fatos capazes de alterar a síntese supraelaborada.

Animais no "outro mundo"

São incontáveis os livros espíritas que dão conta da existência de animais no mundo espiritual, ao qual o planeta Terra está ligado.

Apenas dois exemplos do autor espiritual André Luiz, descrevendo fatos e paisagens do mundo espiritual, extraídos da série de quase três dezenas de livros que foram trazidos até nós, encarnados, pela psicografia de Francisco Cândido Xavier:

1. em *Nosso Lar*, encontramos:
    - p. 39: "(...) germes de perversão da saúde divina que se agregam ao corpo sutil pelo descuido moral (...)".
    - p. 46: "(...) Aves de plumagens polícromas cruzavam os ares (...)".
    "(...) animais domésticos eram observados entre as árvores frondosas (...)".[42]

---

42. *Nosso Lar*, André Luiz, psicografia de F.C.Xavier, 38. ed., 1990, FEB, Brasília/DF. (N.A.)

2. em *Ação e Reação*, temos, à p. 62: "(...) Cães enormes que podíamos divisar cá fora, na faixa de claridade bruxuleante, ganiam de estranho modo, sentindo-nos a presença".[43]

Animais: médiuns?

Estamos diante de nova proposição que divide os espíritas, com opiniões opostas: há mediunidade nos animais?

Com efeito, na vasta literatura espírita pós-Kardec, quase todos os autores concordam com os postulados por ele codificados; contudo, mesmo nessa maioria, muitos pontos existem em que há necessidade de grandes esforços de análise, ponderação e entendimento para que seja alcançado um denominador comum.

O assunto em epígrafe é um tema que embora tratado detalhadamente pelo mestre lionês até hoje divide interpretações, repartindo opiniões.

Consideramos necessário discutir tal questão, pois não poderíamos excluí-la deste nosso estudo sobre os animais.

Nosso intuito é a discussão sadia, feita com propósito respeitoso e sincero, na busca de uma possível iluminação, de início, para nós próprios.

Vejamos como o assunto vem sendo tratado, de Kardec aos nossos dias:

a) Erasto (Espírito), buscando esclarecer o assunto, tratado em uma reunião na Sociedade Parisiense de Estudos Espíritas, afirmou categoricamente não ser possível aos animais serem médiuns.

Utilizando-se de um médium, disse (em resumo):[44]

---

43. *Ação e Reação*, André Luiz, psicografia de F.C.Xavier, 5. ed., 1976, FEB, RJ/RJ. (N.A.)
44. *O Livro dos Médiuns*, de Allan Kardec, cap. XXII – "Da mediunidade entre os animais", 1. ed., 2004, Ed.Petit, SP/SP. (N.A.)

- médium é o indivíduo que serve de traço de união aos Espíritos para que estes possam se comunicar com facilidade com os homens – Espíritos encarnados;
- médium e Espírito comunicante são semelhantes; seus perispíritos são hauridos no mesmo meio;
- animal e homem diferem, pois só este possui a perfectibilidade: animais não estão submetidos à mesma lei divina do progresso – tais como foram criados ficaram e ficarão, até a extinção de suas raças;

Espíritos podem se tornar visíveis e tangíveis para os animais (geralmente são espíritos mal-intencionados, que com isso buscam prejudicar os donos desses animais); sempre haverá o concurso de um Espírito encarnado, médium, em tais casos:

- animais têm alguns sentimentos, certas paixões, semelhantes às humanas;
- os Espíritos utilizam elementos do cérebro do médium para se expressar, e nos animais não há tais elementos (inteligência, vocábulos, letras etc.).

b) *O Livro dos Espíritos*

– Questão 601: Os animais seguem uma lei progressiva, como os homens;

– Questão 602: Os animais progridem pela força das coisas; para eles não há expiação;

– Questão 605a: A alma do animal e a do homem são distintas entre si, de tal maneira que a de um não pode animar o corpo criado para o outro.

Obs.: Em nossos estudos, de início, entre as duas obras, pareceu-nos existir uma dicotomia, quanto à lei de progresso. Jamais ousaríamos sequer pensar em corrigir uma ou outra, pois, em se tratando da Codificação, tal seria leviandade; posto que a prudência o recomenda e leciona, julgamos

ter havido falha humana, ou no suceder das traduções (francês-português), ou na filtragem mediúnica, ou em alguma outra etapa intermediária entre o fluir das ideias, na origem, e a sua impressão no papel.

Foi quando aprendemos valiosa lição, que repassamos a eventual leitor que ainda a desconheça: consultar outras edições, pois, conforme a tradução do original, podem ocorrer discrepâncias. Com efeito, o exemplar de O Livro dos Médiuns *no qual então nos apoiávamos não trazia quaisquer comentários do texto; felizmente, "por coincidência", caiu-nos às mãos a edição da LAKE – Livraria Allan Kardec Editora, da Segunda Edição Francesa – revista e corrigida com a ajuda dos Espíritos e acrescida de numerosas instruções novas, dadas na época a Allan Kardec, tradução essa feita pelo eminente espírita J. Herculano Pires (1914-1979). Ali encontramos, relativamente ao progresso dos animais:*

– "O texto deve ser compreendido em função do assunto, não se tirando ilações contrárias aos princípios fundamentais da Doutrina, o que seria absurdo. O Espiritismo ensina que tudo evolui no Universo, desde a matéria bruta até os Espíritos superiores. Os animais também evoluem, mas sua evolução é forçada e lenta, produzida por influências exteriores, enquanto a humana é determinada de dentro, pela consciência do Espírito já esclarecido do homem. O Espírito comunicante serviu-se das condições de aparente estabilidade da vida terrena para ilustrar o seu ensino. Trata-se apenas de um recurso didático, aliás bem aplicado, e que deve ser entendido como tal (N. do T.)".

Assim, para nós, mais uma vez ficou confirmada a irretocabilidade da Codificação Kardecista!

c) *O Consolador* – Questão 391

Emmanuel (Espírito) consigna: "os irracionais não possuem faculdades mediúnicas propriamente ditas. Contudo, têm percepções psíquicas embrionárias, condizentes com o seu estado evolutivo, através das quais podem indiciar as entidades deliberadamente perturbadoras, com fins inferiores, para estabelecer a perplexidade naqueles que os acompanham, em determinadas circunstâncias".

d) *Mediunidade e Evolução*

O autor, José Martins Peralva Sobrinho (1918-2007), escritor e espírita brasileiro, abordando o assunto, lembra que "os Amigos Espirituais definem a mediunidade como percepção; há de se admitir, porque insofismáveis, as suas (dos animais) fortes percepções, seja na vidência, audiência ou pressentimentos; percepções que, se quisermos ser prudentes, diremos espirituais, ou mediúnicas, se quisermos ser um pouco mais corajosos" – conclui.

e) *A Evolução Anímica* – (na Introdução)

O autor, Gabriel Delanne, assevera: "É mediante uma evolução ininterrupta, a partir das formas de vida mais rudimentares, até a condição humana, que o princípio pensante conquista, lentamente, a sua individualidade. Chegado a este estágio, cumpre-lhe fazer eclodir a sua espiritualidade, dominando os instintos remanescentes da sua passagem pelas formas inferiores, a fim de elevar-se, na série das transformações, para destinos sempre mais altos".

Na mesma obra, agora no cap. II: "a alma animal é da mesma natureza que a humana, apenas diferenciada no desenvolvimento gradativo".

f) *A Alma é Imortal* – cap. V

Ainda Delanne, no item "Impressões produzidas pelas aparições sobre os animais", mostra, citando exemplos, a irrefutável percepção de espíritos que têm os animais.

g) *Gênese da Alma* – item "Evolução do Espírito"

O autor Cairbar Schutel (1868-1938) define:

- inteligência: é a faculdade de entender, de compreender, de conhecer;
- instinto: é o impulso ou estímulo interior e involuntário que leva os homens e os animais a executar atos inconscientes;
- raciocínio: é a operação pela qual chegamos a uma conclusão ajuizada;

- memória: é a faculdade de conservar a lembrança do passado ou de alguma coisa ausente.

Cairbar consigna que todos os quatro atributos do Espírito humano, acima descritos, são encontrados também nos animais, embora menos desenvolvidos. Diz também que a alma do animal é imortal e perfectível, vindo a ingressar no reino hominal, após percorrida a escala evolutiva zoológica.

h) *Mediunidade* – Questão "Mediunidade entre os animais"

O autor Edgard Armond (1894-1982) opina que "são inúmeras as formas de mediunidade entre os animais (sobretudo entre as espécies mais adiantadas – aquelas que mais de perto convivem com o homem)"; para ele "as mediunidades mais observadas nos animais são as pertencentes ao campo da vidência".

i) *Devassando o Invisível*

A médium brasileira Yvonne A. Pereira (1900-1984), discorrendo sobre a psicometria (faculdade mediúnica de descrever acontecimentos em torno de uma criatura, em contato direto com um objeto a ela pertencente), narra suas impressões, em desprendimento parcial, quando ainda encarnada, como Espírito, "visitou" animais como o boi, o cavalo, o cão e o gato. São suas palavras:

"(...) verificamos que o fluido magnético, o elemento etéreo em que se acham eles (os animais) mergulhados, como seres vivos que são, são os mesmos que penetram os homens, onde estes se agitam. Daí essa correspondência vibratória, que faz o ser espiritual do homem compreender o ser do animal, senti-lo, assim como aos demais reinos da Natureza... pois será bom não esquecer que somos essência de Deus e, como tal, possuiremos, todos, essa capacidade, para aplicação da qual apenas nos será necessário certo desenvolvimento vibratório, ou psíquico. Ora, aqueles animais, por nós *sentidos* e *compreendidos* no estado de semidesprendimento espiritual, se afiguraram ao nosso entendimento e à nossa razão quase como seres humanos, sentindo nós, por eles, viva ternura e até profunda compaixão. Um deles, o boi, chegou mesmo a ver o nosso fantasma, pois se assustou quando nos achegamos a ele e lhe acariciamos a enorme cabeça. Nossos mestres hindus, que têm predileção pelos estudos da Natureza e pelas pesquisas sobre a evolução da alma, levam-nos, às vezes, a visitar matadouros de gado. E o sofrimento que aí contemplamos envolvendo os pobres animais, as impressões dolorosas de surpresa, de terror e de angústia que eles sofrem, e que se infiltram pelos meandros da nossa própria alma, não seriam maiores nem mais penosas, talvez, se se tratasse de simples seres humanos. Quanto a outros animais, aos vegetais e à matéria inanimada, nada adiantaremos, uma vez que não temos lembrança de os ter 'visitado'. Mas a impressão que guardamos das quatro espécies citadas foi profunda e enternecedora, como de semelhantes nossos."

j) *Conduta Espírita* – cap. 33 – "Perante os animais"

André Luiz, Espírito, recomenda:

"No socorro aos animais doentes, usar os recursos terapêuticos possíveis, sem desprezar mesmo aqueles de natureza mediúnica que aplique a seu favor. A luz do bem deve fulgir em todos os planos."

k) *Os animais têm alma?*

Ernesto Bozzano (1861-1943), o autor, nesta importante obra, narra 130 casos de manifestações de assombração, aparições e fenômenos supranormais com animais. Discorre sobre várias classes de fenômenos metapsíquicos, concluindo que "somos forçados a admitir a existência de uma subconsciência animal, depositária das mesmas faculdades supranormais que existem na subconsciência humana".

l) *O Passe* – cap.: "Passes em plantas e animais"

Jacob L. Mello, distingue "magnetismo" de "passe espírita", concluindo que às plantas e aos animais somente o magnetismo puramente físico (veiculado através do passe magnético) pode ser transmitido.

Citando Kardec e outras grandes personagens estudadas na obra, opina:

- magnetismo = animismo humano;
- passe espírita = de perispírito a perispírito, pelo que, no caso dos animais, seu envoltório fluídico não suportaria os fluidos espirituais de "essência superior".

Obs.: Outro desencontro aparente entre o item acima e os dois itens anteriores a eles – os itens -i- e -j-:

- *Yvonne Pereira verificou a correspondência vibratória de homens e animais, face o fluido magnético – o elemento etéreo – que a ambos penetra;*
- *André Luiz recomenda socorrer os animais doentes com recursos terapêuticos e os de natureza mediúnica;*
- *Jacob Mello apoia-se justamente em Erasto (item "a" do presente capítulo) para concluir que o passe espírita fulminaria o animal doente.*

Ainda uma vez seria prematuro radicalizar a questão, sendo plano que constitui atitude cristã socorrer plantas, animais ou criaturas humanas, quando necessitados, com os recursos possíveis – materiais e espirituais.

Não incorrendo em omissão, temos a confessar que bastas vezes temos dispensado passes a animais doentes, e graças a Deus nenhum deles veio por isso a falecer fulminado. Nessas ocasiões, nosso espírito implora aos Espíritos Protetores a cura da doença e quando isso ocorre não saberíamos, sinceramente, afirmar se foi apenas por nosso animismo (em 99,99% dos casos, achamos que não: o mérito é deles!).

Socorreu-nos mais uma vez o Prof. Herculano Pires, dirimindo nossa dúvida quanto ao processo espiritual e os efeitos dos passes nos animais, em sua obra *Mediunidade – Vida e Comunicação*, no cap. "Mediunidade Zoológica", onde encontramos:

"Em nossos dias, contrabalançando a estultícia da pretensa mediunidade zoológica, começa a alvorecer no campo mediúnico um tipo de mediunidade para o qual apenas alguns espíritas se voltam esperançosos. O Prof. Humberto Mariotti, filósofo espírita argentino já bastante conhecido no Brasil por suas obras e suas conferências, é um zoófilo apaixonado. Em sua última viagem a São Paulo trocamos ideias e informações a respeito do que podemos chamar de Mediunidade Veterinária. Não podemos elevar os animais à condição superior de médiuns, mas podemos conceder-lhes os benefícios da mediunidade. Mariotti possuía, como possuímos, episódios tocantes de sua vivência pessoal nesse terreno. A assistência mediúnica aos animais é possível e grandemente proveitosa. O animal doente pode ser socorrido por passes e preces e até mesmo com os recursos da água fluidificada. Os médiuns veterinários, médiuns que se especializassem no tratamento de animais, ajudariam a humanidade a livrar-se das pesadas consequências de sua voracidade carnívora. Kardec se refere, no *Livro dos Médiuns*, a tentativas de magnetizadores, na França, de magnetizar animais e desaconselha essa prática em vista dos motivos contra a mediunidade animal. Entende mesmo que a transmissão de fluidos vitais humanos para o animal é perigosa, em virtude do grande desnível evolutivo entre as duas espécies. Mas na Mediunidade Veterinária a situação se modifica. O reino animal é protegido e orientado por espíritos humanos que foram zoófilos na Terra, segundo numerosas informações mediúnicas. O médium veterinário, como o médium humano, não transmite os seus fluidos no passe por sua própria conta, mas servindo de meio de transmissão aos espíritos protetores. A situação mediúnica é assim muito diferente da situação magnética ou hipnótica. Ao socorrer o animal doente, o médium dirige a sua prece aos planos superiores, suplicando assistência dos espíritos protetores do reino animal e pondo-se à disposição destes. Aplica o passe com o pensamento voltado para Deus ou para Jesus, o Criador e o responsável pela vida animal na Terra. Flui a água da mesma maneira, confiante na assistência divina. Não se trata de uma teoria ou técnica inventada por nós, mas naturalmente nascida do amor dos zoófilos e já contando com numerosas experiências no meio espírita".

A seguir, o autor narra comoventes episódios de socorro humano mediúnico-veterinário a animais gravemente enfermos ou desenganados, que com isso se recuperaram.

Apenas como elucubração: correlata à "mediunidade-veterinária", aludida pelo Prof. Herculano Pires, existirá ou poderá ser desenvolvida a "mediunidade-botânica", para assistir plantas, especificamente?

Pois, quando jardineiros ou donas de casa "conversam" com suas plantas, ou, se elas necessitam, amorosamente prestam-lhe socorro espiritual, não haveria igualmente intervenção de Protetores Espirituais dedicados à botânica?

Convém anotar a questão número 66 de *O Livro dos Espíritos*:

P: – O princípio vital é o mesmo para todos os seres orgânicos?

R: – Sim, modificado segundo as espécies.

Perguntamos: Quem modifica o princípio vital?

Em ambos os casos (vegetais e animais), julgamos possível que a "doação socorrista" mediúnica humana seja submetida, por Protetores Espirituais especializados, a processos de compatibilização fluídica, para a devida assimilação do necessitado – vegetal ou animal.

m) *Iniciação – Viagem Astral* – cap. "A dor é um anjo"

Lancellin, o autor espiritual, ouve do Mentor Miramez a impressionante informação de como os animais, por sua vez, ajudam espiritualmente aos homens. Miramez clareia tão importante matéria, informando, dentre outras assertivas:

- espíritos trabalhadores da Natureza colhem o magnetismo animal que se irradia em torno de rebanhos (gado bovino), para ser aplicado onde houver necessidade;
- há nesses rebanhos grande quantidade de energia, e, por isso, determinados tipos de espírito (infelizes) tentam se aproximar dos animais para sugar esse tesouro da natureza;
- espíritos de índios e seus guias espirituais são guardiães dessa preciosidade espiritual, dedicando proteção, afagos e amizade aos animais "e até beijando-os";

130

- referindo-se ao boi: "o animal é como que um laboratório respeitável, que transforma o hálito divino em magnetismo animal, ou, para melhor entender, o éter cósmico em éter físico dos mais pesados. Isso, com uma rapidez incrível. São nossos colaboradores no terreno da cura, na área em que foram chamados a servir".

A seguir os fluidos colhidos no convívio com os animais e no silêncio da natureza foram empregados, de forma especial, no atendimento a um senhor que tinha terríveis feridas nos pés, pulmões quase fechados, coração parecendo bomba estragada e fígado começando a endurecer. Esse homem, que matava reses no matadouro, fazia-o com prazer, sem piedade. Comentou Lancellin: "Isso é o amor do Pai operando maravilhas: esse homem, matador de animais, recebeu dos próprios animais o remédio para a sua cura".

Na sequência, o espírito desse homem, semidesprendido, conversa com os protetores espirituais, arrependendo-se sinceramente da sua violência com os animais. Continuaria encarnado por muito tempo ainda, só que com a companhia da dor, de forma a resgatar seus pesados débitos.

Nota: Ainda nessa questão de ajuda espiritual dos animais a criaturas humanas, a Folha de S. Paulo *de 12 de Julho de 1992 publicou que crianças autistas e psicóticas de São Paulo foram ajudadas por um ganso que reside no Parque Chico Mendes. A ave foi utilizada nas atividades com o grupo de crianças, gerando resultados surpreendentes: ajuda na fala, interação, percepção de um novo potencial de comunicação e mudança de comportamento.*

Entre os casos bem-sucedidos há o de um menino que evoluiu na dicção e diminuiu seu comportamento agressivo.

– E agora?

Animais são ou não médiuns?

Os leitores já terão, por certo, firmado ou formado opinião, *pró, contra, intermediária* ou *de neutralidade*, sobre tão extranatural proposição.

Nós também...

Ouvidas tantas vozes, dos dois planos (material e espiritual), todas respeitáveis e extremamente responsáveis, mais uma vez ficamos com Kardec e os Espíritos que o arrimaram na Codificação: animais não podem ser médiuns, pois mediunidade é intermediação de espírito a espírito, aí consideradas todas as nuances dos sentimentos, da afetividade, da inteligência e principalmente do livre-arbítrio, onde a vontade, sob comando da consciência, dirige o pensamento e as ações para os planos superiores e transcendentais da vida – condições essas que, dentre os seres vivos, só o homem possui.

Possuem os animais, na verdade, percepções extranormais, permitindo-lhes perceber presenças espirituais, geralmente inferiores.

Possuem, também, faculdades físicas superiores às humanas, tais como a visão, audição, olfato, senso de direção, e outras, certamente destinadas às suas necessidades de sobrevivência.

Inegável, ainda, que os animais, relativamente aos homens:
- possuem características físicas muito semelhantes;
- possuem instintos mais apurados;
- possuem inteligência, raciocínio e memória, bastante incipientes;
- possuem alma, rudimentar (fluido cósmico em estado diferenciado da alma humana);
- seu envoltório fluídico é individualizado, mas, após a desencarnação, são classificados por espécie e assim mantidos agrupados;
- Espíritos especializados são os responsáveis por essa classificação e pela manutenção desses agrupamentos;
- estão também submetidos à Lei Divina de Progresso (Evolução);
- progredindo, serão homens, amanhã...

Tais semelhanças, contudo, segundo Dellane, em *A Evolução Anímica*, "demonstram, à evidência, o grande plano unitário da Natureza, quanto aos seres vivos, do nascimento à morte. Sua divisa é: unidade na diversidade, de sorte que do emprego dos mesmos processos fundamentais resulta uma variação infinita, que estabelece a fecundidade inesgotável das suas concepções, de par com a *unidade da vida*".

Quando tratamos das coisas de Deus não cabem posições inflexíveis ou definitivas, e a vida, em toda sua plenitude e pujança, é um dos atributos divinos dispensados à criatura. Sabemos nós, os espíritas, que a mediunidade é um acessório poderoso para a evolução espiritual, agindo mais, na Terra, no campo das provações do que no das missões.

É por intermédio dela, a mediunidade, que os Instrutores Espirituais fazem chegar aos encarnados as luzes que combatem as trevas que amiúde nosso comportamento racional infeliz produz.

Em processo inigualável de ajuda, é ainda pela mediunidade que o espírito já sem corpo físico é trazido às humildes reuniões espíritas, ali se beneficiando não só de revitalização para seu perispírito como também apoio moral evangélico.

São do Espírito André Luiz, na obra *Desobsessão*, cap. 64, as seguintes palavras, referindo-se às reuniões mediúnicas de desobsessão:[45] "nenhum pesquisador encarnado na Terra está em condições de avaliar os benefícios resultantes da desobsessão quando está sendo corretamente praticada".

Ninguém de senso poderia imaginar ou aceitar que animais desencarnados viessem às sessões mediúnicas, para qualquer fim. Tal fato, por si, racionaliza a questão, evidenciando a impossibilidade da mediunidade em animais.

Mediunidade, em essência, é forma de comunicação/percepção entre o plano espiritual e o plano físico, só podendo ocorrer de

---

45. *Desobsessão*, André Luiz, psicografia de F.C. Xavier e W. Vieira, 11. ed., 1990, FEB, Brasília/DF. (N.A.)

forma inteligente e racional, em patamares espirituais semelhantes, isto é, entre espíritos humanos.

Contudo, nada objeta aceitar que os Espíritos, eliminando as diferenças de densidade fluídica, possam se deixar perceber aos animais e assim com eles se comunicar, de alguma forma. Normalmente, para prejudicar o dono ou a outrem.

Pode ser até que o humano, inconscientemente e sem nada ver, "empreste" fluidos a esse espírito, para consecução disso.

Se, por exemplo, cães ouvem sons imperceptíveis ao homem, o que objetaria que igualmente vejam espíritos, numa densidade invisível para nós?

No primeiro caso, nem por isso podem ser considerados "médiuns audientes", como, no segundo, "médiuns videntes".

A afirmação de que sem a presença de um médium não poderiam ocorrer tais fatos carece de cuidados: quantos fenômenos mediúnicos ocorrem independentemente de médiuns que, à distância, às vezes até de forma inconsciente, emprestam sua colaboração fluídica?

Nunca será demais analisarmos que, no episódio bíblico da jumenta de Balaão (Números, 22:21-35) se evidenciou o fenômeno mediúnico de *voz direta* (pois não é crível que animais falem), seguido de outro, de *materialização* (do Anjo, com espada na mão, que com ele conversou).

No mínimo, seria grave ofensa à razão alguém aceitar que um Espírito pudesse usar mediunicamente um animal para transmitir uma mensagem oral, um passe, uma psicografia, ou pintura rubricada por artista de renome, desencarnado.

Evidente que os animais têm rudimentares potencialidades sensoriais, mas considerando as diferenças morais e intelectuais existentes entre nós e eles, não seria mesmo possível que fossem médiuns.

134

− 10 −

VEGETARIANISMO

Entre espíritas, alguns há que rechaçam a alimentação animal, considerando-a prejudicial aos que se dedicam a atividades mediúnicas.

Temos aqui novo ponto de conflito de ideias, o qual pode desaparecer, após analisadas várias situações.

Allan Kardec, em *O Livro dos Espíritos*, demonstrando preocupação com esse problema, perguntou aos Espíritos:

– Questão 722: A abstenção de certos alimentos, prescrita entre diversos povos, funda-se na razão?

R – Tudo aquilo de que o homem se possa alimentar, sem prejuízo para a sua saúde, é permitido. Mas os legisladores puderam interditar alguns alimentos com uma finalidade útil. E para dar maior crédito às suas leis apresentaram-nas como provindas de Deus.

– Questão 723: A alimentação animal, para o homem, é contrária à lei natural?

R – "Na vossa constituição física, a carne nutre a carne, pois do contrário o homem perece. A lei de conservação impõe ao homem o dever de conservar as suas energias e a sua saúde, para poder cumprir a lei do trabalho. Ele deve alimentar-se, portanto, segundo o exige a sua organização."

Sem deixar dúvidas informam-nos os Espíritos Superiores que a carne, em si, não é um erro, tendo em vista "nossa constituição física". As questões 732, 733 e 734, ainda de *O Livro dos Espíritos*, consignam que "no estado atual" (século XIX) o homem tem regulado o direito de destruir (matar) os animais, para alimentar-se.

Precisamos considerar, porém, que, da Codificação até nós, mais de século transcorreu.

A Ciência já analisou detidamente os vários tipos de carne-alimento e descobriu que vários elementos que a compõem são contraindicados para a saúde humana.

Além disso, a literatura espírita posterior à Codificação do Espiritismo, fiel a ela, nem por isso deixa de tratar do assunto, com sérias advertências.

Os milhões de animais que são mortos, quase sempre de forma brutal, fornecem energias proteicas ao homem, mas esse mesmo homem resgata essa crueldade nos campos de batalha, na matança repulsiva das guerras intermináveis.

Tal perdurará até que a humanidade transforme seus hábitos alimentares e suas estruturas sociais, empregando recursos materiais não em arsenais bélicos, mas nas lavouras, eliminando de vez o fabrico de armas, os matadouros e a alimentação carnívora.

No caso dos médiuns, o que deve ser considerado e respeitado é o efeito negativo que a carne produz no corpo e, por reverberação fluídica, no espírito.

Tal afirmação ficará melhor compreendida, ouvidas, em resumo, as palavras do Espírito Lancellin:[46]

---

46. *Iniciação* – Viagem Astral, Espírito Lancellin, psicografia de J. N. Maia, cap. Valores Imortais, 4. ed., 1987, Ed.Fonte Viva, BH/MG. (N.A.)

"Ao serem mortos os animais (no caso, bois) têm o fluido do plasma sanguíneo sugado por espíritos-vampiros, com habilidade espetacular.

Tais vampiros fazem fila, um líder à frente, para sorver tal energia. Com o magnetismo inferior dos animais fortalecem seus baixos instintos, retribuindo fluidos pesados em infeliz reciprocidade; assim, carne e ossos do animal ficam impregnados dessa fluidificação negativa, a qual será transmitida aos homens que deles se alimentarem."

Conclui, alertando:

"Os espíritas se livram desse magnetismo inferior com os recursos dos passes, da água fluidificada e, por vezes, de prolongadas leituras espirituais; os evangélicos e também alguns católicos se libertam dele nos ambientes das igrejas, mas sempre fica alguma coisa para se transformar em doenças perigosas."

Valemo-nos, sobre o assunto, da palavra do eminente Prof. Carlos Torres Pastorino:[47]

(...) "c – Sistema Glandular

A epífise (glândula pineal), a cada passo evolutivo na escala zoológica, vai se fixando e se desenvolvendo no animal. Seu funcionamento ainda é desconhecido pela ciência médica, que apenas lhe empresta a tarefa de 'travar' a evolução dos órgãos sexuais, desconhecendo qualquer hormônio por ela produzido. Na pineal está a válvula transmissora-receptora de vibrações do corpo astral, sendo que na vidência astral é também utilizada pelos animais (cães, cavalos etc.);

A hipófise (ou 'pituitária') tem grande complexidade de produção hormonal e é uma das glândulas-chave da criatura humana, em sua ligação com o mundo astral mais denso;

---

47. *Técnicas da Mediunidade*, J.C.Pastorino, cap. III, "Biologia", itens c e d, respectivamente, 2. ed., 1973, SABEDORIA, RJ/RJ. (N.A.)

d – Sentidos e outros temas

DNA: a produção hormonal pode influir na modificação do DNA (ácido desoxirribonucleico), por atos e pensamentos harmoniosos ou, em contraposição, atos e pensamentos de raiva, ódio".

Pelo exposto, talvez não seja descabido conjeturarmos outra conotação espiritual, relativa à ingestão de carne: sabendo-se que o boi, em particular, tem as glândulas hipófise e epífise, sendo a primeira produtora de hormônios e a segunda reguladora da atividade sexual, infere-se que:

- ao morrer, violentamente (nos matadouros), a terrível comoção do animal produzirá e liberará instantaneamente fluidos negativos concentrados, não por "pensamentos de raiva, ódio" (que os animais não pensam), mas sim pelo trauma da morte prematura, fato que injuria sobremaneira seu instinto de conservação;
- tais fluidos, concentrados, se integrarão aos despojos do animal, contaminando-os de matéria espiritual infeliz;
- o indivíduo que ingerir tais despojos, negativamente energizados, terá prejudicada a qualidade dos seus próprios fluidos, isso até que seja eliminada a causa, imaginando-se que tal possa ocorrer como descrito por Lancellin, ou demorar horas e até dias.

A título de sugestão aos médiuns, seria prudente que nos dias de reuniões mediúnicas (supondo que à noite), se abstivessem de alimentação animal, ou que, no mínimo, seja ingerida apenas no almoço e assim mesmo moderadamente.

Em 1971, quando conhecemos Chico Xavier, contou-nos que de longe em longe, ao término de alguma prolongada atividade mediúnica, sentia necessidade de um "bom bife", que ele ingeria, para acalmar a vontade.

A Lei Natural do Progresso é uma constante que, no futuro, erradicará dos costumes humanos a alimentação de carne, tendo em vista que ela só é conseguida tirando a vida do animal, o que demonstra ainda nosso atraso espiritual (cenas de animais sendo mortos em matadouros não são de fácil contemplação: pessoas sensíveis não as suportam, desmaiam).

Assim, podemos ter certeza da abstenção de carne quando, ao evoluir, o espírito terá, pelo amor, aprimorado seu revestimento perispiritual, que, por sua vez, modificará o envoltório carnal – nosso corpo físico. Quando isso ocorrer, a carne já não mais será indispensável, como ainda o é atualmente.

11

ANIMAIS: ESPÉCIES EXTINTAS

Desde o início da vida no planeta Terra, muitas são as espécies animais que foram extintas, por vários motivos.

Atualmente, quando se mencionam "espécies em extinção", afloram as várias atividades humanas que as provocaram, ou as estão provocando.

Dentre essas ações, as principais sejam talvez:

— a caça predatória de animais de grande porte (elefantes, rinocerontes, tigres, gorilas, baleias) e também de outros animais menores (cervos, jacarés, lontras, raposas, doninhas, filhotes de foca, mico-leão etc.).

Todos esses animais, de uma forma ou de outra, rendem expressivos lucros:

- marfim – rinocerontes;

- chifres (supostamente afrodisíacos) – rinocerontes;
- couro – jacarés (principalmente os "papo-amarelo", no Pantanal do Estado do Mato Grosso);
- pele – tigres asiáticos, lontras, focas, raposas, doninhas;
- troféus – gorilas e cervos;
- mico-leão – para enjaulamento ou para ser mantido preso, em residências;
- a descuidada aplicação dos chamados defensivos agrícolas – os agrotóxicos –, desestabilizando completamente o ecossistema, já que eliminando pragas eliminam também outros insetos e seus predadores naturais, muitos deles por ausência do seu alimento;
- as grandes tragédias provocadas também pela incúria humana (incêndios florestais e derramamento de petróleo cru nos mares);
- o intenso desmatamento de grandes áreas, fator de cruel desalojamento dos *habitats* de incontáveis espécies até então ali naturalmente mantidas e que dificilmente encontrarão novos locais para viver em equilíbrio.

Além das razões acima, existe outra, de ordem natural: migração planetária!

Como exemplo de migração natural, lembramos o já citado caso dos dinossauros e outros avantajados animais que desapareceram da face da Terra há 65 milhões de anos, segundo estudos arqueológicos.

Cumpre destacar que não há comprovação de "como" esses animais desapareceram, havendo hipóteses referentes ao choque de um gigantesco meteoro com o planeta, levantando espessas nuvens de poeira que impediram a fotossíntese por longo período. Como alguns desses animais eram herbívoros e outros carnívoros, uns e outros ficaram sem alimento, os primeiros pela completa rarefação de vegetais, e os segundos, que, por sua vez, também se alimentavam de plantas ou de caça, pela ausência de presas.

Tais hipóteses "congregam" os dinossauros em área específica – a que teria sido atingida pela provável colisão meteórica – já que, se *todo* o planeta ficasse imerso em uma nuvem que barrasse os raios solares, igualmente *toda* a vida desapareceria, o que não ocorreu.

– Desapareceram da Terra, mas... não teriam essas espécies renascido em outros mundos?

– E todas as demais espécies extintas, de forma natural ou provocada, não estariam também sendo remanejadas para outros planetas?

Lemos[48] que a alma do homem, na sua origem (ainda animal), cumpre essa primeira fase (no despontamento da inteligência), numa série de existências que precedem o período chamado de "humanidade", e que, esse mesmo período, nem sempre começa na Terra – em geral, começa nos mundos ainda mais inferiores.

Do exposto, podemos inferir que no caso da extinção das espécies animais, quando de forma natural, representa maior conforto à vida humana, proporcionada pelo Supremo Criador.

Já no caso da extinção provocada pelo homem, necessariamente ele está atraindo sérios problemas para si, eis que a Natureza age segundo Lei Natural de Ação e Reação, devolvendo sempre o que se lhe faz ou lhe é dado...

E isso, de forma alguma, não representa vingança: constitui valioso ensinamento de como deve a criatura proceder, isto é, induz o homem ao reto proceder, em todas as suas atitudes, para que também seja reto seu caminho, em direção à evolução espiritual.

– Será que o fato de desaparecerem do planeta várias espécies animais, isso poderia, de alguma forma, sinalizar o advento de uma nova era, de um novo mundo, agora regenerador, deixando de ser de "provas e expiações"?

---

48. *O Livro dos Espíritos*, Allan Kardec; questões nºˢ 607, 607a e 607b, 1999, Ed.Petit, SP/SP. (N.A.)

Se positiva a resposta, temos que:

– relativamente às espécies extintas, os responsáveis por tal extinção, muito provavelmente, estarão entre os "candidatos naturais" que serão transferidos para mundos em estágio inferior ao da Terra, para onde, aliás, eles próprios remeteram aqueles animais.

Assim, com eles terão que voltar a conviver.

Nesse reencontro, racional e irracional progredirão, pois, compartilhando hostilidades ambientais, serão induzidos, para não dizer que serão obrigados, a se apoiar mutuamente. O homem, então, acabará por desenvolver amor aos animais, cuja recíproca também ali poderá ter seu embrião.

Tal é a Lei Natural do Progresso!

— 12 —

HOLOCAUSTOS

Imolação de animais

Sacrificar animais, sob a égide de "pacificar deuses", ou a título de "agradar divindades", ou, ainda, como forma de "pagamento de favores" concedidos por entidades espirituais, não os livra da dor e da morte.

Tais objetivos não justificam os holocaustos, pelo simples fato de que os animais simplesmente nada têm a ver com isso.

Imaginem a recíproca...

Velho Testamento

Em *Gênesis* (22:1-13), consta que Deus provou Abraão, solicitando que Isaque, filho único, fosse ofertado em holocausto. Abraão atendeu, e, no momento exato de sacrificar Isaque, foi impedido pelo Senhor, tendo um carneiro substituído seu filho.

Podemos supor que a partir daí os sacrifícios humanos teriam sido dispensados, mas não os de animais.

Em *Êxodo* (20:24), há a "Lei dos Altares para os Holocaustos".

No terceiro livro de Moisés, chamado *Levítico*, nos caps. 1, 3 a 9, encontramos instruções detalhadas de como os hebreus deveriam realizar os holocaustos e os sacrifícios pacíficos; há a proibição de comer a gordura e o sangue dos animais (7:26-27).

As instruções desse livro de Moisés preconizam a imolação de animais, "sem defeito", nos locais designados – altares de sacrifícios – diante da porta da tenda da congregação.

O Levítico descreve vários tipos de pecado humano e de oferta pacífica, e, em consequência, qual o animal que deverá ser sacrificado, instruindo: onde, quando, como e por qual autoridade religiosa.

Analisando respeitosamente o conteúdo das leis mosaicas, somos levados a acreditar que somente o explica o pequeno adiantamento moral da humanidade de quase cinco mil anos atrás. Provavelmente, Moisés não poderia operar mudanças radicais junto aos hebreus, por isso disciplinou muitos dos costumes religiosos arraigados no pensamento de seu povo. Por exemplo: as ofertas feitas em público, obrigatórias aos pecadores, constituíam uma exposição do pecado, o que deve ter incomodado muita gente...

Mas nem naqueles longínquos tempos quanto nos atuais há consistência nem bases lógicas capazes de justificar a troca da vida de animais por favores celestiais ou remissão de pecados.

Candomblé

Em algumas cerimônias, geralmente de homenagem a determinado orixá (divindade), matam-se animais – cabrito, galinha – sendo algumas de suas partes preparadas e oferecidas no "assentamento" do orixá.

Em outras cerimônias, no processo de "iniciação", a pessoa tem a cabeça lavada com sangue de animal de duas patas.

Obs.: Os "despachos" (velas, charutos, cachaça, galinha preta etc.) colocados em encruzilhadas, geralmente à meia-noite das sextas-feiras, constituem oferta a divindades em troca de algum favor, ou como agradecimento pelo recebimento de alguma graça.

Nem sempre quem faz tais despachos é da linha religiosa do Candomblé ou da Umbanda; podem ser pessoas que assim agem, episodicamente, buscando o bem para si ou o mal para outrem.

Aliás, cumpre destacar que na Umbanda não há sacrifício de animais, sendo favorecidos os banhos de ervas e orações.

Atualidade

Inaceitáveis, em pleno século XXI, os sacrifícios religiosos de animais nada mais representam do que o reflexo da pouca evolução espiritual daqueles que o praticam.

Holocaustos ainda são praticados até mesmo em países do chamado "Primeiro Mundo", demonstrando que tanto desenvolvimento material quanto intelectual de forma alguma representam evolução moral ou espiritual.

Com efeito, em Junho de 1993 o Tribunal Supremo dos Estados Unidos (Corte Suprema) determinou, por unanimidade (9 a 0), que a Constituição permita o sacrifício de animais em cerimônias religiosas.

Um dos juízes, falando em nome da Corte, afirmou que "As leis que proibiam o sacrifício de animais foram aprovadas por funcionários que não compreenderam a questão e optaram por ignorar que a proibição violava o compromisso essencial da nação com a liberdade religiosa".

Os grupos nos quais animais são sacrificados (a Igreja Lukumi Babalu, por exemplo) são adeptos de ritos religiosos africanos. O sacrifício de animais – galinhas, patos, cabras e ovelhas – faz parte de cerimônias de nascimento, casamento e morte, além da iniciação de novos sacerdotes.

A maior parte dos animais sacrificados é comida pelos fiéis.[49]

Felizmente, rareiam no mundo todo os holocaustos de animais.

A revista *Veja* de 17 de março de 1993 noticia que um padre brasileiro foi condenado pela justiça portuguesa, por agressão sexual a um jovem, seguida de assassinato; tal sacerdote, segundo depoimento de seus paroquianos, costumava sacrificar animais no altar.

É de pasmar!

Quanto aos rituais de magia negra, em que animais são sacrificados, seja a que motivo for, soubessem os implicados – encarnados e desencarnados – quão doloroso será o resgate, certamente não o fariam.

Ao morrer, os animais sentem – embora não o entendam – a maldade que os atinge, provocando-lhes tanta dor; seu pavor e desespero impregnam a carne de toxinas e liberam, à sua volta, fluidos espirituais deletérios; os desencarnados infelizes e ainda jungidos às coisas grosseiras da matéria absorvem tal matéria astral, com a qual seus perispíritos ficam igualmente impregnados; os encarnados têm registrado em seus espíritos, como débito, a violência que infligiram ao animal. No futuro, uns e outros terão que eliminar do seu envoltório espiritual tais resíduos negativos, motivados pela culpa. E isso, infelizmente, só será possível com a dor, sendo certo porém que Deus, na Sua Misericórdia Infinita, alivia tal pesado fardo, oferecendo redobradas oportunidades de minimização do passivo, com ações no bem em favor do próximo.

Casos de holocaustos humanos são esporadicamente noticiados (quase sempre crianças sendo sacrificadas em rituais macabros). Espíritos sensíveis e outros mais afeitos às tragédias do dia a dia

---

49. No Jornal *A Cidade*, Ribeirão Preto/SP, 12 de Junho de 1993. (N.A.)

espantam-se todos ante tais atrocidades, sendo que até mesmo os psicólogos não encontram vazante mental que sequer as explique, menos ainda as justifique.

Aqui a serenidade impõe outras análises, coibindo julgamento precipitado, que recomende a pena de morte para os agentes.

Esses pungentes dramas vistos pelo Espiritismo têm vários componentes, dentre os quais destacamos.

– condenações:

- nenhum de nós tem conhecimento pleno do nosso passado, de nossas vidas anteriores, em cujos porões talvez existam registros de ações tenebrosas que tenhamos praticado; por isso, melhor será ouvir Jesus e não "atirar a primeira pedra"...

– os agentes:

- não são apenas os encarnados; provavelmente, há espíritos desencarnados partícipes, até em maior número; todos, porém, com um traço em comum – grande atraso moral que os impede de dimensionar o mal que praticam;
- na maioria dos casos, os espíritos desencarnados agem por vingança – direta ou indireta; diretamente, devolvendo mal igual que tenham sofrido, em vidas anteriores, por ação ou sob responsabilidade da vítima de hoje; indiretamente, para atingir familiares e amigos, que os tenham igualmente feito sofrer, em vidas passadas; quanto aos encarnados, agentes físicos, muitas vezes, são simples instrumentos daqueles vingadores invisíveis, aos quais se ligam por sintonia de moral deficitária;
- pela Lei Divina de Justiça – ação e reação – terá o agente do crime que resgatá-lo, ocorrendo o resgate segundo os mecanismos celestiais da reencarnação, podendo isso projetar-se para um futuro distante, já que o "tempo tem tempo", e os

espíritos têm a eternidade; tal, "justificaria" tantos dramas observados na humanidade, em que criaturas "inocentes" sofrem crueldades inomináveis; e, ainda, como certeza maior, elimina a necessidade material da pena de morte do criminoso, eis que o equilíbrio entre o bem e o mal se processa por meios naturais, divinos; aqui cabe anotar que encarnados e desencarnados participantes de tais atos, mesmo que perifericamente, terão que resgatar a mesma parcela de responsabilidade que tenham assumido.

A propósito da Bondade Divina, recordamos São Luiz na valiosa resposta à questão nº 1.004 de *O Livro dos Espíritos*:

"(...) Sendo o estado de sofrimento ou de felicidade proporcional ao grau de purificação do Espírito, a duração e a natureza dos sofrimentos do culpado dependem do tempo que ele gaste em melhorar-se. À medida que progride e que os sentimentos se lhe depurem, seus sofrimentos diminuem e mudam de natureza."

– a vítima:

- considerando que através dos perfeitíssimos mecanismos de Justiça que regem a vida jamais Deus permitiria dano a um inocente, há que se imaginar (mesmo que seja difícil e penoso) que a vítima está, na verdade, resgatando débito; se nada há na presente existência que justifique tal dívida, necessariamente ela tem que estar num único ponto possível – no passado! Assim equacionado, tão dolorido problema passa a ter outra conotação – a de que o devedor libertou-se de pesado fardo, por ele mesmo colocado em suas costas.

– 13 –

OS ANIMAIS NOS LABORATÓRIOS

As pesquisas científicas

Conquanto existam descobertas médicas que têm beneficiado a transferência de aprendizados farmacológicos e mesmo de transplantes, na relação animal-homem, às vezes ocorrem insucessos e inevitáveis acidentes, sempre indesejáveis.

Tais fatos são irrecorríveis.

Inescapável questionar se, excluído todo e qualquer auxílio advindo das conquistas científicas com experiências animais, o doente humano não poderia ser tratado de outras formas (fármacos minerais/vegetais, medicina nuclear, medicina alternativa, fitoterapia, homeopatia, psicoterapia etc.).

Animais mortos em laboratórios ou em matadouros: quem tem esse direito e quem está com a razão?

Dos laboratórios saem curas para doenças, e dos matadouros saem apetitosos filés...

Fato-verdade: em ambos os casos, animais são sacrificados.

A oposição-contenda permanece e recrudesce:

- Quem aprecia um bom contrafilé, churrasco ou "picanha", ou uma costela bem assada, ou um lombinho, ou uma suculenta feijoada, ou um *galleto al primo canto*, ou um *frango a passarinho*, ou uma canja, ou uma deliciosa peixada – absolutamente não se enrubesce em criticar o fim (nobre, para os cientistas) das cobaias em geral.
- Já os pesquisadores espantam-se ante os críticos de seus trabalhos.

No tocante à inflição de dor e ao sacrifício das cobaias, fatos esses nem sempre presentes em todas as experiências, mantêm incólume sua motivação. Consideram seu ideal científico no patamar de missão humanitária. Desconsideram reclamos dos defensores dos animais, julgando-se, eles próprios, vítimas – de intolerância, quando não de ignorância.

Como quase todos os assuntos polêmicos na vida, neste é necessária muita ponderação, antes de quaisquer julgamentos, favoráveis ou contrários.

Podemos estar equivocados, mas pensamos que os cientistas, no consciente, agem com honestidade de propósitos, vez que seu objetivo é filantrópico, não só para a humanidade, como também para os próprios animais.

Assim, a comunidade científica considera benéfico e mesmo altruístico o seu trabalho.

Sua consciência repousa em paz.

Na equação oponente às pesquisas com animais, todos aqueles que eventualmente se alimentem de carne não podem, apenas por isso, ser demitidos do direito de oposição.

Tamanha é atualmente a dependência alimentar da carne, que os povos dela privados, seja por pobreza (alguns países da África), seja por religiosidade (Índia), se debatem em penoso estado de míngua.

– O que aconteceria ao mundo se repentinamente nenhum animal fosse jamais consumido?

Certamente seria o caos, em termos de saúde pública, eis que a dieta proteica de carne (principalmente de bovinos) é tão transcendental quanto insubstituível costume de bilhões de pessoas.

Além disso, há outro problema: o homem, para prover seu sustento de carne, espalhou incontáveis pastos, multiplicando assim o número de animais sobre a superfície do planeta; na hipótese considerada, tais animais continuariam se reproduzindo, e aí, a breve tempo, como supri-los de vegetais nas proporções necessárias?

NOTA

Apenas como ligeiro comentário, eis o número de espécies vivas que Deus – a Inteligência Suprema do Universo – programou para esta grande casa que é o nosso mundo:

Animais – primeiros inquilinos

– Protozoários (uma só célula) 30.000
– Metazoários (pluricelulares)
   Invertebrados 820.000
   Vertebrados
   • peixes, anfíbios, répteis, aves 46.600
   • mamíferos 4.400

Vida: Segundo ideia generalizada dos paleobiólogos, aproximadamente há 3,8 bilhões de anos, iniciou-se a vida, ligada a uma "sopa primordial", ou seja, região pantanosa, quente, onde moléculas simples foram se ajuntando.[50]

– No período cambriano (570 a 510 milhões de anos atrás), é provável que os animais tenham atingido a classe dos moluscos. Os invertebrados eram os animais mais evoluídos, habitantes dos mares de então.

– No período devoniano (390 a 345 milhões de anos atrás), começaram a surgir os vertebrados mais primitivos.

– No período paleogeno (há cerca de 65 milhões de anos), iniciava-se a evolução dos mamíferos, surgindo os placentários.

Sabe-se hoje que os animais representam 3/4 da biomassa terrestre. Dessa biomassa, 15% são de formigas! Com seu fascinante e extremamente bem organizado sistema de vida, as formigas, na verdade, são canalizadoras de energias, no pioneiro trabalho de arar a terra, o que as situa em destaque na fauna dos insetos.[51]

O homem – último inquilino

O homem foi o último a chegar no planeta, em termos de espécie animal.

As fantásticas mutações, transformações, extinções e novas criações de espécies parecem ser o monumental trabalho da Vida, preparando a Terra para o advento do seu mais evoluído inquilino: o racional!

Do período Plioceno (terrenos que formam o sistema da Era Terciária), há mais de 5 milhões de anos, ao Pleistoceno (terrenos que formam o sistema da Era Quaternária), há 1,8 milhões de anos, já os animais (semelhantes ao homem) eram prenúncio dessa chegada.

---

50. *Impulsos Criativos da Evolução*, Jorge Andrea dos Santos, cap. I ("Origem da Vida"). 3. ed. 1995, S. E. Espírita F. V. Lorenz, RJ/RJ. (N.A.)
51. *The Ants (As Formigas)*, 1990, XIII, B. HÖLLDOBLER (University of Würzburg/ Alemanha) e E. O. WILSON (Harvard University, Cambridge, MA/EUA).

Com efeito, o primeiro homem, *Homo habilis*, apareceu *há apenas* dois milhões de anos. Depois, surgiu o *Homo sapiens*, *há apenas* 400 mil anos; este diversificou-se em *Homo sapiens neanderthalensis* (há 80 mil anos) e, há 30 mil anos, em *Homo sapiens sapiens* – nós!

Em termos de evolução humana, não há conhecimento que consiga explicar a fantástica sabedoria da Natureza, que, agindo permanentemente, ao longo dos milhares de milhões de anos, povoou a Terra com a colossal fauna que nela habita!

E sempre transformando e adaptando as espécies, de acordo com as novas características ambientais que sempre mudam!

Já se vê que o uso de animais em pesquisas de laboratórios, bem como o sacrifício deles para transformarem-se em alimentos, merece mais profundas reflexões.

Em primeiro lugar cumpre situar o planeta Terra e toda a vida nele existente como criação de uma causa inteligente – Deus – para a maioria dos homens.

Balizando automaticamente a convivência entre as espécies vivas, a Natureza dotou todas com instinto de conservação, mobiliou os respectivos organismos com o necessário para viver e procriar. Situou as espécies estrategicamente em diferentes *habitats*, plenos de recursos para a vida e a sobrevivência.

O homem, o ser inteligente da Criação, modificou o panorama terrestre, em razão de suas necessidades – alimentação de carne, inclusive.

Um quadro mundial de alimentação puramente vegetariana demandará ações em etapas equilibradas para essa profunda transição, em que a inteligência seja igualmente empregada, agora a benefício da naturalidade.

Ora, cabe refletir se o homem, na busca do seu conforto, ou sob qualquer outro pretexto, tem o direito de dispor da vida de seus ancestrais, ou de qualquer outro ser vivo.

Abstraindo do pensamento mundial qualquer conceito ou corrente filosófica, a Lógica dirá que *não*, eis que a morte é fenômeno irrecorrível, tanto quanto a vida é prerrogativa que exclui da capacidade humana a reposição daquilo que tenha subtraído.

Em outras palavras: somente ao Criador compete o estatuto da vida!

— 14 —

OS ANIMAIS E O SAGRADO DIREITO À VIDA

Pesa-nos trazer para o papel este capítulo; o cérebro se agita, o coração dói, a alma sofre...

Mas é necessário.

Seria covardia, omissão no mínimo, não gritar bem alto contra tanta iniquidade praticada com os animais. Ante a maldade, sob que rótulo se apresente, não se pode fugir e, qual avestruz, "enterrar a cabeça na areia", "resolvendo" assim o problema, de forma tão enganosa.

Considerarmos indispensável narrar aqui crueldades para com os animais constitui nosso vigoroso grito de repúdio e dó, de espanto e incredulidade, ante ações que desmerecem a razão, rebaixam o espírito e denigrem a espécie humana – dita racional.

Que nosso libelo ecoe nos corações endurecidos fixando neles, ao menos, sementes de respeito, quando de amor possível ainda não seja.

Animais são criaturas de Deus: nossos irmãos, pois!

A crueldade humana para com os animais é praticada de inúmeras formas.

Vejamos uma, tão somente: matadouros.

Matadouros

"Até o papel deve sentir vergonha ao receber as letras que formam essa história" (expressão do Espírito Sinhozinho Cardoso, descrevendo inacreditável crueldade, no livro *Além do Ódio*).[52]

É exatamente isso que também sentimos ao descrever os horrores dos matadouros.

Fortalece-nos intenso desejo de que tal seja um alerta, capaz de, sob os cuidados de Deus, sensibilizar a quem de direito possa modificar tão triste realidade: a crueldade nos matadouros.

Dizia-nos a revista *Veja* de 18 de Março de 1992 (resumidamente).

No Brasil são abatidos, anualmente, com requintes de crueldade:

– 13 milhões de bois;
– 10 milhões de porcos;
– 943 milhões de aves.

Segundo o IBGE (Instituto Brasileiro de Geografia e Estatística), no ano de 2013 foram abatidos:

– 34,412 milhões de cabeça de bovinos;
– 5,598 bilhões de unidades de frangos;
– 36,062 milhões de cabeça de suínos.

Na primeira edição desta obra registramos:

---

52. *Além do Ódio*, Espírito Sinhozinho Cardoso, psicografia de João Nunes Maia, Editora Fonte Viva, p. 200, 4. ed., 1971, Belo Horizonte, MG. (N.A.)

Seu transporte até o matadouro se dá em condições mínimas de respeito, para nem sequer lembrar algum conforto: são empilhados em caminhões. Ao chegar, são tangidos ao abatedouro por choques elétricos que os empurram adiante. Quando caem no chão são arrastados pelas patas até o local do abate, onde recebem o doloroso golpe de misericórdia: de 1 a 23 golpes de marreta na cabeça (porcos e bois), até perderem os sentidos; quando não é marreta é uma estocada na testa com uma lança conhecida como choupa.

Em 1992 o governo paulista sancionou uma lei[53] que cuida de todas as etapas do abate, de forma que cause menor dor, através de um dos três métodos de insensibilização prévia:

– tiro de pistola de ar-comprimido na testa do animal;
– choque elétrico;
– asfixia por gás carbônico.

As exigências dessa lei foram previstas para entrar em vigor 12 meses após sua publicação, isto é, março/93, podendo haver prorrogação por mais 12 meses, a pedido do interessado.

Os dispositivos dessa lei colidem com a tradição e a cultura de árabes e judeus, para os quais os animais só podem ser retalhados e ir para a desossa após a perda total do sangue.[54] Para os árabes, exige ainda a tradição que os animais sejam abatidos deitados e com as patas voltadas para Meca.

---

53. A lei a que se refere a reportagem é a Lei nº 7.705, de 19 de fevereiro de 1992 (D. O. Est. SP. de 20 de fevereiro de 1992). N.A.
54. Quanto aos judeus, acrescentamos que há mais de 3.000 anos abatem os animais (bois e aves) no ritual denominado "kasher", por degola, sendo usadas facas longas, bem afiadas: o golpe tem que ser certeiro, cortando carótidas, jugular, esôfago, traqueia e nervos – tudo sob a assistência de um rabino, que aprovará ou não o aproveitamento da carne, caso não seja constatada nenhuma anomalia nos órgãos (pulmão e vísceras). Em nenhuma hipótese o animal poderá ser submetido a sofrimento prolongado, devendo a morte ocorrer instantaneamente. (*Folha de S. Paulo*, 28 de março de 1992). N.A.

Como o Brasil é fornecedor de carne para aqueles povos, pode ser que algum frigorífico instalado em São Paulo se transfira para outros Estados. Esse talvez seja o empecilho para que o Brasil, em nível federal, aprove lei similar à paulista, conclui a reportagem.

Atualmente, o método do abate por marreta praticamente já foi abandonado. Primeiro, pela grita dos protetores dos animais, segundo, porque danificava os miolos dos bois...

As exportações brasileiras de carne bovina em 1992 foram de 434 mil toneladas, sendo 72% industrializadas e o restante "in natura"; desse total, o Estado de São Paulo responde por 80%; a receita chegou a US$ 619 milhões[55].

Quanto ao abate de cavalos, há alguns anos a imprensa noticiou a crueldade de alguns matadouros, causando comoção nacional.

A matança descrita atingia proporções bestiais:

- 12 horas antes do abate eram privados de água e alimento, para amaciar a carne;
- eram conduzidos molhados a um corredor e dali tangidos com choques elétricos de 240 volts;
- a seguir, uma pancada na cabeça, tonteando-os;
- animal ainda vivo, as patas eram cortadas, com machado ou tesoura grande, de forma a esgotar todo o sangue;
- ainda vivo, com ferimentos terríveis, o animal era colocado em uma estufa para suar e com isso eliminar o "mal educado" cheiro de cavalo de sua carne;
- Quem suportaria presenciar tais cenas?

Várias denúncias foram feitas, à época, levando personalidades diversas a protestar veementemente contra tamanha barbaridade.

A União Internacional Protetora de Animais (UIPA), em particular, empenhou-se a fundo em combater essa ignomínia.

---

55. *Folha de S. Paulo*, 16 de março de 1993. (N.A.)

Carlos Drummond de Andrade (1902-1987), o mais importante poeta brasileiro do século XX, revoltado ante tais fatos, amplamente noticiados pela imprensa na década de 1970, conclamou os donos de tais abatedouros a seguir o exemplo da Suíça, Áustria, Bélgica, Inglaterra e ex-Alemanha Federal – morte sem dor aos animais. Seu libelo foi publicado em *City News*, de 27 de novembro de 1977.

Praza aos Céus que isso não exista mais!

Pois é: concluímos este capítulo.

Ao escrevê-lo nossa alma quedou-se machucada, coração em prantos.

Infelizmente, agora (2015), nossas pesquisas demonstram que o abate cruel de animais persiste... Até quando?!

Já que falamos há pouco de um poeta, relembramos, a propósito, o poeta português Antônio de Macedo Papança, 1º Conde de Monsarás (1852-1913):

"....................
Senhor...!
Como escrever o resto?!
Cai-me a penna (sic) da mão, perturba-se-me a vista..."

O presente capítulo não foi fácil, pois os fatos nele contidos põem a descoberto um ângulo negativo do patamar evolutivo espiritual do mundo em que vivemos – nada lisonjeiro.

Como alerta e alento, indispensável relembrar o mestre Kardec:

"Quando a lei de amor e de caridade for a lei da Humanidade, não haverá mais egoísmo; o fraco e o pacífico não serão mais explorados, nem esmagados pelo forte e pelo violento. Tal será o estado da Terra quando, segundo a lei do progresso e a promessa de Jesus, ela tornar-se um mundo feliz, *pela expulsão dos maus*".[56]

---

56. *O Evangelho Segundo o Espiritismo*, Allan Kardec, cap. 9, nº 5, SP/SP: Ed.Petit, 1997.

Essa recomendação – a da igualdade entre fracos e fortes – pode perfeitamente enquadrar as crueldades de que são vítimas os animais e que infelizmente não são raras, no sentido de que cessem, sob pena de banimento dos agentes.

Quem são os maus?

Nenhum de nós tem o direito de julgar quem o é: a consciência de cada um, e somente ela, tem essa atribuição.

Concluímos com Jesus:

– *Quem tem ouvidos, ouça!* (Mateus – 11:9).

— 15 —

PROTEÇÃO AOS ANIMAIS

Desde os tempos remotos os animais vêm encontrando dificuldades em sua convivência com o homem; porém, não menos verdade é que também, desde sempre, vozes isoladas ou grupos humanos têm se erguido em sua defesa.

Vejamos alguns exemplos:

Religiões, religiosos e pensadores

Velho Testamento

As Escrituras Sagradas estão repletas de citações referentes aos animais. Sem nos alongarmos, vamos buscar em Moisés a recomendação celestial do "Não matarás" (5º Mandamento), de meridiano entendimento: a morte, de *qualquer* ser vivo, jamais deverá ser provocada.

No Apocalipse 4: 6-11 e 5, quatro seres viventes à volta do Trono de Deus glorificam-no sem descanso; são semelhantes, respectivamente, ao leão, novilho, homem e águia em voo. Considerando que Deus criou, ama e protege todos os seres que criou, a citação valoriza os animais, deixando límpido que junto ao Criador não estão apenas anjos...

Jesus

Jesus várias vezes se referiu aos animais de forma bondosa, como em Mateus 10:16, enaltecendo a prudência das serpentes e a simplicidade das pombas; na parábola da ovelha perdida configura o zelo e principalmente a estima do pastor pelos animais do seu rebanho. Se alguma vez comparou homens a animais, como quando Herodes queria matá-lo e o Mestre chamou-o de raposa (Mateus, 13:32), foi sempre no sentido figurado. Em socorro dessa tese – bondade de Jesus para com os animais – temos no livro *A Gênese*, de Allan Kardec, cap. XV, nº 34, sugestiva opinião dissolvendo a notícia evangélica de que o Cristo teria autorizado demônios (espíritos obsessores) a "entrar" em porcos, após o que a manada atirou-se ao mar, perecendo. Em síntese, comenta Kardec que, além de manadas de porcos não serem comuns junto aos judeus, jamais seria possível um Espírito humano animar o corpo de um animal (ainda mais 2.000 porcos, como quantificou Marcos, em 5:13).

São Francisco de Assis

Francisco de Assis, Espírito iluminado, todo mansidão e pureza, é o exemplo máximo terreno de amor aos animais. Não só aos animais: a tudo criado por Deus! Sua vida apostolar teve como tônica o amor aos homens, aos animais, aos vegetais, aos minerais, aos astros e aos elementos naturais. Sua existência constituiu modelo de procedimento ecológico para as gerações futuras.

"Pai Francisco", como era carinhosamente chamado por seus companheiros e seguidores, a nosso ver, guardadas as proporções, representa para os animais e para a natureza o que Jesus representa para os Espíritos humanos e para a Terra.

São Basílio

Na liturgia de São Basílio (329/379), padre da Igreja grega, bispo de Cesareia da Capadócia – região central da antiga Ásia Menor – brilhante centro do cristianismo, encontramos essa belíssima oração:

Oh! Senhor!

Aumenta em nosso interior o sentido da amizade com todos os seres que têm vida, nossos pequenos irmãos a quem Tu deste a Terra como seu lugar, junto conosco.

Recordamo-nos envergonhados que no passado exercemos o domínio superior do homem, com desapiedada crueldade, e assim a voz da Terra, que deveria ter subido até Ti em canções, tem sido um lamento.

Oxalá nos demos conta que eles vivem não somente para nós, senão para eles e para Ti, e que eles amam a doçura da vida, da mesma forma como a amamos, e te servem a Ti melhor, em seu meio, do que nós no nosso.

Islamismo

No *Alcorão*, livro sagrado de cerca de 1.552,3[57] milhões de muçulmanos em todo o mundo, representando a palavra textual de *Deus – o Clemente, o Misericordioso –*, encontramos incontáveis citações de que os animais são criação divina. Deus criou os animais para que servissem de cavalgadura, de transporte, de aquecimento ou de alimento para os homens.

Nas *suras* (capítulos) e versículos que se referem aos animais, só transparece bondade e respeito para com eles. O emprego de animais, como transporte ou como alimento, é definido de forma clara, havendo várias proibições. É notável como o texto do Alcorão recomenda a proteção de Deus sobre os animais, mesmo quando necessários como alimento. E, nesse caso, quando forem destinados a alimento, que parte seja dada aos humildes e aos mendigos.

---

57. Dados extraídos do *Almanaque ABRIL* 2013, Editora Abril, SP/SP.

Considerando que o texto corânico representa a lei civil, penal e moral para os muçulmanos, é indubitável que os animais que os servem têm o tratamento nele preconizado.

Apenas como exemplo, vejamos parte da Sura nº 5, versículos 1, 3 e 4:

"É-vos lícita a carne dos animais, exceto a que aqui vos é especificamente proibida.

São-vos vedados o animal morto, o sangue, a carne de porco e os animais imolados sob a invocação de outro nome que não o de Deus, os animais estrangulados, os animais mortos por espancamento ou de queda ou por chifradas e os devorados por feras... São-vos também vedados os animais sacrificados aos ídolos. São-vos permitidas todas as coisas boas bem como os animais caçados pelas aves e as feras por vós adestradas segundo os ensinamentos de Deus. Mas invocai Deus sobre eles."

Pensadores

Vultos célebres da humanidade também se expressaram em defesa dos animais:

- "A proteção aos animais faz parte da moral e da cultura dos povos." *Victor Hugo*
- "A civilização de um povo se avalia pela forma por que trata os animais." *Humboldt*
- "A compaixão para com os animais é das mais nobres virtudes da natureza humana." *Charles Darwin*
- "Se eu tivesse outra vida, dedicá-la-ia inteiramente à luta contra a vivissecção." *Bismark*
- "Entre a brutalidade para com o animal e a crueldade para com o homem, há uma só diferença: a vítima." *Lamartine*
- "Ninguém se pode queixar da falta de um amigo, podendo ter um cão." *Marquês de Maricá*
- "Falai aos animais, em lugar de lhes bater." *Tolstoi*
- "– Por que é que o sofrimento dos animais me comove tanto?

– Porque fazem parte da mesma comunidade a que pertenço, da mesma forma que meus próprios semelhantes." *Émile Zola*
- "São Francisco de Assis os chamava de Nossos Irmãos Inferiores, porém, inferiores somos nós quando não os estimamos." *Clóvis Hugues*
- "O erro da ética até o momento tem sido a crença de que só deva aplicar-se em relação aos homens." *Dr. Albert Schweitzer*

Finalizando as citações, *Abraham Lincoln*: "Não me interessa nenhuma religião cujos princípios não melhoram nem tomam em consideração as condições dos animais".

− 16 −

AMOR E RESPEITO AOS ANIMAIS

Qualquer pessoa pode ser protetora de animais.

No dia a dia de todos nós, animais compõem a paisagem e, com pequeninos gestos de amor, poderemos agir em benefício deles.

Não custa nada amar aos animais, e, necessariamente, o retorno desse amor se fará presente em nossas vidas.

Passamos a enumerar algumas situações nas quais nossa opção preferencial de amparo e respeito aos animais se constituirá numa atitude digna e principalmente cristã:

Educação infantil

Conta-se que Licurgo foi convidado a falar sobre a educação. O grande legislador de Esparta aceitou, mas pediu um ano para preparar o material que iria apresentar.

– Por que um homem tão sábio ocuparia tanto tempo para compor simples exposição de ideias?

Exigência aceita, prazo cumprido, ei-lo diante da multidão que compareceu para ouvir-lhe os conceitos. Trazia duas gaiolas. Numa estavam dois cães; duas lebres na outra.

Sem nada dizer, tirou um animal de cada gaiola, soltando-os. Em instantes o cão estraçalhou a lebre.

Libertou em seguida os restantes. O público estremeceu, antevendo nova cena de sangue. Surpresa: o cão aproximou-se da lebre e brincou com ela. Esta correspondeu, sem nenhum temor, às suas iniciativas.

– Aí está, senhores – esclareceu Licurgo –, porque pedi prazo tão extenso, preparando esses animais. O melhor discurso é o exemplo. O que mostrei exemplifica o que pode a educação, que opera até mesmo o prodígio de promover a confraternização de dois seres visceral e instintivamente inimigos.[58]

Se é possível educar animais, mesmo antagônicos, levando-os à convivência pacífica, naturalmente será possível educar as crianças, incutindo-lhes desde cedo o respeito devido a Deus, aos semelhantes e à natureza – fauna e flora.

A criança, em particular, em casa, na escola e na sociedade, deve ser esclarecida quanto às normas cristãs de amor e respeito, aí incluindo-se os animais. Deve ser enfatizado que maus-tratos aos animais embrutecem o homem, pois isso é crueldade, que em nada dignifica a alma. As crianças são sensíveis ao aprendizado e, se lhes for demonstrado que os animais sentem dor como nós próprios, certamente serão protetoras de animais por toda a vida.

O inevitável sacrifício de animais para servir de alimento em hipótese alguma pode se revestir de pavor, crueldade e dor para com

---

58. Transcrito de *Reformador*, Rev. de Espiritismo Cristão, editada pela Federação Espírita Brasileira, janeiro de 1993. (N.A.)

eles: a maneira deve ser a mais rápida e menos indolor possível. Quanto a insetos daninhos (moscas, mosquitos, baratas, escorpiões etc.) devem ser eliminados de um golpe só, isto é, sem crueldade.

A criança deve ser informada que tais insetos não são "inimigos", mas, sim, seres criados também por Deus: vivendo em rudimentar estágio, estão na Terra em razão de este planeta também abrigar outros seres – nós, inclusive – todos em processo de evolução. Em mundos felizes, certamente, inexistem tais nocivas criaturas, aqui, meros instrumentos consentâneos com a evolução terrena.

A exemplo do que já acontece em outros países, de todo recomendável seria a criação, nas escolas, dos chamados "Grupos de Proteção aos Animais" ou "Grupo de Assistência aos Animais"; pertencer como sócio a um desses grupos é dignificante para a criança, para a família e para a Pátria; com seriedade e ardor, semelhantes aos dos escoteiros que protegem os seres indefesos, os sócios desses grupos muito poderão fazer pelos animais, usando sua natural energia e criatividade.

Como sugestão, o coordenador pedagógico ou educador responsável pelo Grupo poderá designar, para cada espécie animal, uma equipe de "advogados de defesa". A(s) criança(s) proporia(m), na escola toda, algumas questões do tipo:

- Como devem ser tratados os cavalos? E os cães? E os gatos?
- Você sabia que os sapos são extremamente úteis aos jardineiros e na roça, pois comem pragas?
- Você já pensou no benefício que os urubus, gaviões e crocodilos fazem ao homem, comendo animais mortos? Do contrário, esses restos mortais poderiam contaminar o meio ambiente.
- Quem gostaria de morar a vida toda numa gaiola, num aquário ou numa jaula?...

Conquanto a educação aqui preconizada refira-se à criança, esforços deverão também ser envidados – por todos os segmentos sociais, principalmente os escolares e religiosos, para que os adultos deem o exemplo.

Piedade

O sentimento de piedade demonstra elevação espiritual, principalmente quando seguido da respectiva ajuda para a cessação da causa do sofrimento.

Só que se deve sentir piedade, não apenas por semelhantes, mas também pelos animais. A emoção piedosa será a mesma, em ambos os casos.

A piedade antepõe-se vigorosamente à crueldade, obstando-a, quando não a eliminando.

Tanto a piedade quanto a crueldade têm a propriedade de se multiplicar; por isso, melhor será sempre incrementar aquela, com isso banindo esta.

A piedade é a antessala do Amor, assim como a crueldade o é da violência.

Animais abandonados

Principalmente cães e gatos, "sem casa", perambulando perdidos pelas ruas, famintos, arredios, apavorados, nascem pelos mesmos mecanismos divinos da vida, dos demais seres vivos, estando em árduo processo evolutivo.

Merecem nossa compaixão e, mais que isso: merecem nosso apoio!

Sendo possível, devemos alimentá-los, jamais escorraçá-los.

Na hipótese de um animal estar acometido de hidrofobia (raiva), ele já não sabe o que faz. Está sofrendo. Normalmente, anda de cabeça baixa e em silêncio, triste. Espuma na boca pode significar duas anomalias distintas: ou "raiva" ou envenenamento cruel. Nesses casos, deve-se apelar para as autoridades municipais, que apreenderão o animal e, conforme o caso, por inevitável, o sacrificarão. Óbvio, que sem provocar mais dor...

Cabe aqui lembrar que o mundo é lugar destinado também para os animais, e isso é decisão divina. Negar-lhes tal direito conflita com o respeito a Deus.

O abandono de um animal é condenação certa. O autor desses dolorosos quadros que o cotidiano nos mostra, agindo irresponsavelmente, cedo ou tarde terá que prestar contas à sua consciência.

Cemitério para animais

Aqui, muitas pessoas "gente boa" torcem o nariz quando ouvem falar nisso.

"Se os cemitérios já andam lotados com gente, era só o que faltava pensar em cemitério para animais..." – argumentam.

Não deveriam.

Enterrar animais, quando não seja por afeto, por respeito, que seja por questões de higiene ambiental, pois é extremamente perigoso que carcaças de animais mortos destilem líquidos virulentos, que podem infiltrar-se nos mananciais de água ou mesmo contaminar crianças ou outros animais, pelo contato.

Não podemos nos esquecer que os animais estão na face da Terra há mais tempo que o homem; até o aparecimento deste, a própria natureza se encarregava de dar fim adequado aos animais mortos: quando nas águas, serviam de alimento a outros animais (crocodilos e peixes em geral); quando em terra, os animais mortos serviam de pasto a predadores, a animais carnívoros, ou às aves "faxineiras" (urubus, gaviões etc.). Em regiões silvestres, isso ainda ocorre e provavelmente sempre continuará a ocorrer. Posteriormente, com a presença do homem, algumas espécies animais vieram (ou foram trazidas...) para sua companhia, passando a viver e a procriar em cidades. E, nas cidades, inexistem aqueles meios naturais de dar fim às carcaças dos animais mortos (referimo-nos, aqui, particularmente aos animais domésticos). Por essa razão, passou a ser responsabilidade humana, única e exclusivamente, o conveniente destino dos cadáveres de animais das cidades: enterrá-los.

Ocorre que, no progresso da civilização, quando animais domésticos morrem, muitas vezes, são simplesmente atirados em terrenos baldios ou jogados em córregos que passam pela cidade, quase sempre dentro de sacos plásticos. Aí reside o perigo de contaminação dos mananciais aquíferos, pois não raro o animal morto estava doente... e sem tratamento, ou o que é pior: envenenado.

Incinerador de despojos animais

Pelas razões apresentadas acima, compete ao Poder Municipal instalar local próprio para dar fim aos despojos de animais – nossa sugestão é que em cada cidade seja construído um cemitério para animais, com forno incinerador, sendo que os donos de animais mortos que puderem pagar poderão enterrá-los, mediante pagamento do espaço ocupado; o dinheiro assim arrecadado seria empregado no funcionamento e manutenção do incinerador, este, para o caso de despojos de animais doentes, ou sem dono, ou cujos donos sejam pobres.

Felizmente, aqui mesmo, no Brasil, e em outros países, o sentimento de cidadania fala mais alto em alguns corações de pessoas de bom senso, e, sem se constituir em desvio comportamental, ou exacerbação de sentimentos, já existem muitos cemitérios e crematórios oficiais para despojos animais.

Nas cidades onde já estão instalados cemitérios para animais há toda uma estrutura de atendimento aos donos que queiram enterrá-los. Os locais são sempre afastados do centro populacional e aprazíveis, floridos, bem gramados e administrados pelos responsáveis (ou a Prefeitura ou empresa particular – em ambos os casos essa atividade gera receita). São oferecidas várias alternativas quanto à remoção domiciliar, solenidades, cremação, urnas, velórios etc. Inclusive, na maioria desses cemitérios há planos de pagamento para aquisição do espaço, geralmente baratos e quase sempre mais para animais de pequeno porte (cães, gatos etc.). À escolha dos donos, podem também construir túmulos, com ou sem ornamentação, além de estátua do animal.

Em pesquisa rápida, apenas como amostragem, verifica-se que hoje (2015), no Brasil, incontáveis cidades dispõem de cemitério e crematório para animais. Vejamos apenas alguns exemplos:

Brasil

Fortaleza/CE / Salvador/BA / Betim/MG / Belo Horizonte/MG / São Paulo/SP / Piracicaba/SP / Itapevi/SP / Campinas/SP / São Carlos/SP / Botucatu/SP / Sorocaba/SP / Gravataí/RS / São Gonçalo/RJ e muitas outras cidades.

Cemitério *PET* em São Paulo/SP.

NOTA: Em algumas cidades há mais de um cemitério para animais, como em São Paulo, Rio de Janeiro e outras.

Quem corre pela pista de *cooper* perto do portão 5 do Parque Ibirapuera, em São Paulo (SP), dificilmente imagina que ali houve um cemitério de animais no passado. Aos curiosos: ainda é possível ver, nos arredores dos banheiros, as únicas peças remanescentes do período: uma cruz e uma lápide em forma de pirâmide, de 1946, em homenagem ao cãozinho Pinguim. De 1918 a 1972, a União Internacional Protetora dos Animais (UIPA) teve sua sede no terreno. No local, essa ONG, pioneira no país, mantinha clínica veterinária, canis e gatis, além de um espaço para enterrar os bichinhos. Na década de 1970, a instituição, atuante até hoje, foi transferida para o bairro do Canindé. (Revista *VEJA-São Paulo*, de 15 de Agosto de 2014).

Em São Bernardo do Campo foi inaugurado em Junho/2000, um crematório para animais de estimação, o primeiro da América Latina, denominado *Pet Memorial*.

Em muitas dessas cidades a construção de cemitérios para animais contou com assessoria e planejamento de técnicos e médicos das respectivas Secretarias Municipais da Saúde. Embora com essa participação da autoridade municipal na instalação e fiscalização sanitária, a maioria desses cemitérios é de empresas particulares – e gera lucros...

A demonstração de respeito à natureza, aos animais e principalmente à saúde pública, com a ideia e as campanhas para a implantação de um cemitério para animais no município, partem quase sempre das ONG de proteção animal, numa iniciativa de grande expressão de cidadania.

Observa-se que em países de civilização mais antiga, ou tradicionalmente mais adiantados, há muito existem cemitérios para animais:

Japão

Em Tóquio, num templo zen-budista, todos os dias são realizados enterros de bichinhos de estimação: os ritos para animais começam com toques de sinos, para buscar a presença de Buda, e com um sacerdote de cabeça rapada entoando os sutras; é assim que "outra alma inicia sua longa jornada para o nirvana". O sacerdote informou que no Budismo "todas as coisas vivas são capazes de alcançar a condição de Buda"; e concluiu: "nossos ritos a favor dos animais são idênticos aos feitos para os humanos".

O Templo, em Jikkein, subúrbio de Tóquio, crema cerca de dez mil animais todo ano.[59]

Nota: Nos anos 1950 foi inaugurado um cemitério para animais no Rio de Janeiro, então capital brasileira, fato que de pronto teve aceitação dos cariocas, bem como numerosos "inquilinos". Um assessor especial da Prefeitura do Rio de Janeiro propôs (maio/93) a privatização de 63 bens, empresas, entidades e serviços cariocas, neles incluído o Cemitério de Animais Jorge Vaitsman, na Mangueira, Zona Norte do Rio. Desse fato podemos concluir que cemitérios para animais, inclusive, podem ser lucrativos, desde que administrados por empresas particulares.

---

59. Jornal *A Cidade*, Ribeirão Preto, SP, 12 de agosto de 1993. (N.A.)

França

– O Cemitério Père-Lachaise, secular, no leste de Paris, situa-se no local de uma propriedade onde viveu o padre La Chaise (1624-1709), confessor de Luis XIV (1638-1715). Abriga sepulturas célebres: Heloísa e Abelardo, La Fontaine, Molière, Chopin, Balzac, Musset, A.Comte, Allan Kardec, Oscar Wilde, M.Proust, Sara Bernhardt e muitos outros vultos franceses famosos. Pois bem: lá, desde sua fundação, em 1803(!), também há um espaço para cemitério de cães.

A propósito, Jean-Paul Sartre (1905-1980), filósofo, romancista, dramaturgo e político francês lembra, em "As Palavras", um amigo que se indignou, no cemitério de cães do Père-Lachaise, com os epitáfios que os celebravam como superiores aos humanos. "Quem ama demais um animal é sempre contra os homens!", berrou ele, enquanto dava um forte pontapé na estátua de um cachorro... (*Folha de S.Paulo*, 05 de junho de 1994)

– Em *Asnières-sur-Seine*, cidade na região metropolitana a noroeste da capital francesa, na margem esquerda do Rio Sena, hoje com 83.300 habitantes, na "Place Marguerite Durand", há o "Cemitiére des chiens" (Cemitério de cães), fundado em 1899(!), considerado o primeiro cemitério exclusivo para animais, do mundo. Embora o título seja "de cães", na verdade lá são enterrados outros animais, como gatos, cavalos, elefantes, etc.

Nota: Esse cemitério, de forma pitoresca e indireta, uniu-se ao Brasil, quando o prefeito de Curitiba Cândido de Abreu reformou o primeiro parque urbano daquela cidade, o "Passeio Público" (inaugurado em 1886). Acontece que na época da reforma, 1916, a revista A Ilustração Brasileira havia publicado, em uma de suas edições, um desenho de um portão de entrada, em estilo art-nouveau, indicado como sendo do Cemitério de Cães de Paris. Esse modelo foi escolhido pelo prefeito para inspirar o portão de entrada do Passeio Público, e foi assim que o Cemitério de Cães francês ingressou na história de Curitiba.

Os interessados por mais detalhes, sobre vários animais famosos enterrados nesse cemitério francês, bem como nos demais citados aqui, basta consultar na internet.

Estados Unidos

O "Hartsdale Canine Cemetery", fundado em 1896, em Nova York, é o mais antigo cemitério de animais dos Estados Unidos. Nele estão enterrados cães, gatos, cavalos e até um leão. (Há outros cemitérios de animais nos Estados Unidos).

Inglaterra

"Sir" J.M.Barrie (1860-1937), escocês, genial criador do menino-lenda Peter Pan, ao formular o mapa da "Terra do Nunca", nele situou um *cemitério de cães*, que efetivamente já existia nos Jardins de Kensington – parque integrado ao Hyde Park de Londres.

Alemanha

Funerária local lançou a iniciativa que, assegura, é sem precedentes no país. Pessoas falecidas agora poderão repousar eternamente na companhia de seus bichinhos de estimação. Isso, pelo menos no cemitério de Braubach (oeste), que oferece a partir de junho de 2015 sepulturas para urnas crematórias de humanos e animais.

Apenas urnas contendo as cinzas, sejam humanas ou de animais, poderão repousar juntas. A funerária local lançou a iniciativa e assegura que ela é sem precedentes em todo o país.

Ainda em junho do mesmo ano, outro cemitério, de Essen (oeste), também oferecerá os mesmos serviços. Apenas urnas contendo as cinzas, sejam humanas ou de animais, poderão repousar juntas, garante a funerária Sociedade Alemã de Cemitérios. A cremação, no entanto, deverá ser feita separadamente, conforme prevê a legislação alemã.

(Fonte: Dados da Internet: AFP-UOL Notícias - Em Berlim 09/06/201512h15)

Notas

a) No Brasil, a **Câmara Municipal de São Paulo aprovou, em 2013, projeto que autoriza***va enterro de animais em jazigos dos donos. Em maio do mesmo ano, a Comissão de Constituição e Justiça da Câmara aprovou o projeto. Posteriormente, a administração da Capital vetou referido projeto e alegou falta de vagas e estrutura nos cemitérios, além de que grande parte da população poderia entender a medida como um desrespeito a tradições e preceitos religiosos.*

b) Em Niterói (RJ), igualmente, a Comissão de Constituição e Justiça da Câmara aprovou idêntico projeto de São Paulo. Até agora, referido projeto aguarda definição.

Israel

A descoberta mais antiga dos restos de um dono e seu cachorro, enterrados juntos, ocorreu em um sítio arqueológico em Israel e data de 14 mil (!) anos atrás. Talvez seja possível deduzir dessa notícia que a amizade entre o homem e os cães vem de longa data...

(*Revista VEJA nº 2924,* 10 de junho de 2015, pág. 74).

Informação importante:

Finalizando este tópico, prestamos abaixo importante informação para eventuais interessados em montar um cemitério de animais em suas cidades:

O SEBRAE – Serviço Brasileiro de Apoio às Micro e Pequenas Empresas, com o título "Empreendedorismo – Ideias e Negócios" oferece toda a orientação. Há página na internet, com o título: "Como montar um cemitério de animais".

Homens e feras: amigos!

– Um cientista e suas cascavéis

Em 1993, 1997 e 2000, no Campus da USP-RP, entrevistamos o Prof. Dr. Carlos Júlio Laure (1933-2008), então do Departamento de Bioquímica da Faculdade de Medicina, daquela Universidade.

O Prof. Dr. Laure, em 1975, trouxe uma cascavel com 10 anos, do serpentário de Santa Cruz do Rio Pardo/SP. A cobra recebeu o apelido de "Menina" e conviveu 16 anos no ambiente de trabalho daquele cientista. Como toda cascavel, possuía duas presas potentes, sendo que seu veneno foi extraído apenas uma vez. De forma impressionante, a cobra afeiçoou-se ao homem, que a tratava com respeito, atenção e até com carinho.

Como prova de confiança recíproca, a cobra ficava solta no laboratório do Professor, isso quando apenas ele estava no mesmo. Com o tempo, a confiança evoluiu para amizade. O Professor, a título de brincadeira, com o rosto quase encostado na cabeça da cobra, passava água para a boca do animal, com um canudinho à mão, desses usados em refrescos. Fotos e vídeos comprovam tais fatos. O cinegrafista da TV-Globo que produziu um vídeo, em tom de brincadeira, vendo a cobra beber água dessa forma insólita, brincou: "que bom que ela não tem mais as presas, não é, Professor?". Ao ser mostrado, com a maior naturalidade, que as presas estavam bem no lugar que Deus as colocou, saiu correndo e consta que até hoje não retornou ao laboratório.

Em 1991, vítima de um tumor intestinal, a despeito de todos os cuidados, "menina" morreu.

Alguns anos antes de "Menina" morrer, o Prof. Dr. Laure "adotou" outra cascavel – "Menino" –, que se mostrou igualmente amistosa, pois a cobra, tranquilamente, permitia que ele passasse a mão em seu dorso. As duas cobras, formando um casal pacífico, foram mantidas em box com tela no laboratório do Professor Doutor Laure.

Pouco tempo após "Menina" morrer, o companheiro dela, não resistindo à solidão, morreu também.

Cumpre destacar que as cobras foram enterradas dignamente pelo homem que lhes devotou carinho, respeito e amizade, sentimentos esses que foram recíprocos.

178

NOTA

Em Abril/2000, foi nossa vez: dessa vez visitamos o Prof.Dr. LAURE em seu laboratório, na Faculdade de Medicina do Campus da USP/Ribeirão Preto-SP e ficamos pasmos com o que vimos: uma cascavel, adulta, muito bem instalada, num confortável e asseado recipiente, sem tampa (!), deixou Laure acariciá-la, após ouvir dele palavras meigas.

O Prof. Dr. Carlos Júlio Laure, então com 66 anos, era cientista de renome internacional, tendo os seguintes títulos:

- Professor Universitário de Bioquímica
- Membro da Academia Paulista de Ciência (são cerca de 280 os membros)
- Membro da I.S.T. - *International Society on Toxinology*, com sede na Inglaterra, Oxford, Nova York, Seoul e Tóquio
- Professor convidado do *Max-Planck Institute Für Experimentalle Medizin*, Gottinger/Alemanha.

NOTA

Um dos seus trabalhos consistiu na purificação da crotamina (um dos componentes do veneno da cascavel), descoberta pelo Prof. Dr. Moura Gonçalves, também da USP-RP. Até então, a crotamina apresentava efeitos secundários, pois seu grau de pureza não era integral; isolando-a, o Prof.Dr. Laure conseguiu alcançar estágio de pureza de 100%.

A crotamina vem sendo empregada como modelo experimental que reproduz os sintomas da miotonia congênita, doença observada nos EUA e Europa, que provoca contrações involuntárias de músculos. As experiências atuais podem levar à descoberta de uma droga para atenuar ou mesmo curar essa enfermidade.

(Cumpre destacar que o mundo todo busca descobrir tal droga).

– Um pedreiro e seus 4 jacarés

Em 2 de setembro de 1993, o *Jornal Regional* – TV Globo/Ribeirão Preto-SP mostrou o Sr. Josuel Antonio Lisboa, de Barrinha-SP, junto a 4 jacarés que cria e trata, no fundo de sua casa. Os bichos foram trazidos ainda filhotes, há 8 anos, por terem sido encontrados abandonados na beira do rio que passa pela cidade. Os animais são atração local e regional, pois Josuel trata-os com sobras de comida caseira e passeia descalço entre eles, num pequeno e raso tanque d'água, no quintal da sua casa. De forma quase inacreditável, o homem acaricia os animais, sem que demonstrem a menor agressividade. Para culminar a demonstração da perfeita integração – por que não, amizade? –, entre homem e animal, o tratador pega nos braços um dos jacarés, pesando cerca de 80 kg, acomodando-se a fera languidamente nos braços vigorosos do dono!

Agressões e defesa

Se uma pessoa estiver maltratando um animal deveremos intervir, jamais nos omitir – intervenção por altruísmo, educação e amor à natureza.

– Como?

– Com brandura e educação, não piorando o ânimo do agressor, o qual, já exaltado, poderá se tornar mais rude ainda com o animal. Podemos tocar-lhe os sentimentos, lembrando que os animais:

- não raciocinam nem sabem falar...;
- sentem dor, sede e fome, como nós;
- não têm "salário" nem "sindicato" onde possam se queixar.

Como argumento poderoso, podemos citar que foi junto aos animais que Jesus se abrigou ao nascer, abrigo esse negado, ou pelo menos dificultado, pelos racionais, a Ele e a seus pais.

Carroças/carruagens

Durante anos, os defensores dos direitos dos animais criticam em Manhattan (Nova York) os passeios de carruagens puxadas por cavalos, que remontam a 1858, dizendo que a prática é desumana e que os cavalos estão sobrecarregados.

A imprensa noticiou em janeiro de 2014 que o novo prefeito de Nova York, Bill de Blasio, tinha planos para encerrar uma das mais antigas tradições da cidade, proibindo passeios de carruagens puxadas por cavalos no Central Park, argumentando que a atividade é uma forma de crueldade contra os animais.

NOTA

Ao que se pode verificar, são inúmeras as cidades do Brasil nas quais os defensores dos animais apresentam projetos para a proibição de carroças, considerando que sobre atrapalhar o trânsito, principalmente, há evidentes sacrifícios dos animais de tração. Como essa é uma atribuição do poder municipal, nem sempre tais projetos prosperam. Por quê?

Em São Paulo (SP), da Lei Municipal nº 14146 de 11 de abril de 2006, consta no seu art. 2º: "Fica proibida a circulação de veículos de tração animal e de animais, montados ou não, em vias públicas pavimentadas do Município de São Paulo, excluindo-se aqueles utilizados pelo Exército Brasileiro e pela Polícia Militar, em qualquer situação".

Ajuste da carga

- animais com carga mal distribuída no lombo:
- os tropeiros conscientes sempre equilibram proporcionalmente a carga no lombo dos animais, com isso evitando-lhes arqueadura ou dolorosas feridas;
- latas, lenha e outras cargas toscas, de ângulos agudos, devem tê-los amortizados com lona grossa, de forma a não

magoar o animal (geralmente, burros e mulas); os arreios devem sempre ser adequados e estar bem ajustados.

Cargas excessivas

Exigir que um animal tracione carga superior às suas forças é brutalidade, quando não imprevidência; logo esse valioso auxiliar se quedará doente, debilitado, incapaz até de tarefas menores (a lenda da "galinha-dos-ovos-de-ouro" é de contundente transparência quanto ao mau emprego feito dos animais úteis: nela sobressaem os prejuízos, ou lucros cessantes, em razão da ganância humana...).

Animais sendo transportados

Jamais transportar aves de cabeça para baixo: se forem poucas, devem ser levadas nos braços; se muitas, em engradados, em veículos adequados; (pensando bem: se doces, sapatos etc. são transportados com todo o zelo, como esquecer que as aves sofrem?).

Debilidades em alguns animais

Animais coxos, doentes ou velhos merecem consideração, até mais que os outros animais, devendo ser poupados de esforços físicos, sendo-lhes concedidas condições dignas no resto de suas vidas.

Necessidades fisiológicas

— o animal sente sede, fome e cansaço; trabalhar nessas condições é verdadeira tortura; o dono ou tratador deve ter a necessária atenção para suprir essas necessidades, pois invariavelmente o animal as demonstra: a questão é de simples cuidado em entender a "linguagem" de tão prestimoso auxiliar;

— alguns carroceiros, desconhecendo que nas margens de pequenos rios há focos de doenças que se propagam aos homens – provocando a "cegueira de chiapas" – impedem seus animais de ali saciar a sede; temem que o animal "fique cego" se tomar água no caminho; há aí um equívoco, e nenhum mal sofre o animal que beba água pelo caminho, moderadamente; é recomendável que ao fim da jornada o animal se refresque no mínimo por meia hora, antes de tomar água;

Nota

Sobre o chicote... na verdade, é um instrumento de agressão, totalmente dispensável quando o dono do animal respeita-o e é-lhe grato pela desinteressada, gratuita e permanente ajuda – garantidora do ganha-pão do carroceiro e da sua família.

Chicote: deve ser banido para sempre!

Gaiolas ou aquários

Tais ambientes exigem cuidados de limpeza permanentes; os animais neles mantidos devem ter abundante suprimento de água, verdura e o maior espaço possível (na verdade, melhor seria libertá-los em seus *habitats* naturais, onde as dimensões são o céu e as águas dos lagos, rios ou mares...).

Nota

Como assinalamos antes, aves engaioladas ou segregadas em miniviveiros, bem como peixes em aquários domésticos ou oficiais, não passam de inocentes condenados à prisão perpétua.

Ruídos e luz excessivos

Muitos animais são mais sensíveis que nós: ouvem sons e veem luzes que não percebemos; sabendo disso, caridoso será poupá-los de ambientes barulhentos ou excessivamente iluminados; ali, seus nervos estarão submetidos a sobrecarga, com prováveis sequelas, motivadoras de mudanças comportamentais: sofrimento para o animal, eis a resultante.

No trânsito

No trânsito: todo motorista consciente, quando seu veículo se aproximar de veículo sob tração animal, deve conceder-lhe "direitos de passagem e antiguidade".

– O que vem a ser isso?

É o respeito pelo animal que está usando suas energias em ambiente para o qual não foi criado, além de não ter "carta de habilitação". Nessas condições, o animal deve sempre ter a *preferência* de passagem.

Os carros vieram muito depois dos animais, por isso esses não podem ser preteridos por aqueles: antiguidade... Num cruzamento, por exemplo, é falta de humanidade fazer o animal parar, concedendo preferência a um veículo motorizado. Nesse caso, quando puder prosseguir, a força para vencer a inércia tenderá a cansar ou desgastar as forças do animal. Já no carro, a energia é gerada por combustível, a um simples toque no acelerador. Tudo isso, sem considerarmos o impacto muscular e o atrito sofrido pelas patas do animal de carga nas ruas pavimentadas, ao "frear" a carroça para deixar o carro passar. Aliás, lembrando:

- indispensável ainda que os animais de carga sejam equipados com ferraduras, as quais devem periodicamente ser substituídas, face ao desgaste;
- veículos de tração animal devem estar equipados de sistema de freio para ajudar o animal quando em descida.

NOTA

Estudos arqueológicos apontam na árvore genealógica do cavalo que os tipos primitivos apresentavam quatro dedos, no lugar da atual unha; adaptações ao meio e velocidade de deslocamento atrofiaram os dedos que não tocavam no chão, fazendo que desaparecessem; as duas saliências ósseas hoje encontradas nas patas são vestígios que também

desaparecerão. Ossadas cavalares cuidadosamente estudadas comprovaram que a atrofia do primeiro dedo levou 5 milhões de anos; já para o segundo par de dedos, foram gastos 50 milhões de anos!

Saúde dos animais

Em todos os casos de doença os animais devem ser medicados, de preferência por veterinário. Principalmente nas fazendas ou nos sítios, onde são numerosos (rebanhos).

As experiências laboratoriais comprovam que o animal é sensível às drogas, e nada mais humano (dever cristão, até) do que proporcionar alívio a ele quando enfermo – tanto a animais domésticos quanto aos de rebanho.

Nota

O jornal Folha de S.Paulo, de 09 de março de 1993, no caderno semanal "Agrofolha", traz interessante recomendação do jornalista, escritor e fazendeiro em MG, Eduardo Almeida Reis, aos seus colegas fazendeiros, que resumimos:

"Porcos, vacas, coelhos, galinhas, carneiros – não existe melhor investimento, numa fazenda de criação, do que a contratação de um veterinário. Para traçar a política de defesa sanitária da empresa, estudando as vacinas disponíveis, os vermífugos, as misturas minerais. Os bons profissionais acabam sendo os mais baratos, porque se pagam várias vezes no correr do ano".

Dentista de cavalos

No início deste século captamos na mídia alguns comentários sobre tratamentos odontológicos em animais, prestadas pelo Prof. Dr. Marco Antônio Gioso, graduado em Medicina Veterinária pela USP (1988), com graduação em Odontologia pela USP (1999), Mestrado em Clínica Cirúrgica Veterinária pela USP (1994), além de vários outros títulos no Brasil e no exterior e atualmente atuando principalmente com os seguintes temas: Odontologia Veterinária, Cirurgia de pequenos animais e marketing.

Informou o Prof. Dr. Marco, então, que no fim do século 20 a odontologia veterinária estava apenas começando no Brasil, sendo que nos EUA, há 17 anos, houve uma verdadeira "explosão".

Sobre tratamentos em cavalos, comentou o Prof. Dr. Gioso:

- o problema mais comum no cavalo é o desgaste dos dentes molares, talvez em razão do uso forçado do cabresto, mas certamente pelo movimento de lateralidade da mandíbula;
- o atrito constante de apenas um lado da superfície dental forma regiões pontiagudas que ferem os tecidos moles. Isso acontece com 90% dos cavalos, provocando perda do apetite, redução do peso e diminuição da libido sexual, provocada pelo estresse;
- há muita dor, semelhante à afta, e por isso é que a cada seis meses o clínico (dentista ou médico veterinário) precisa limar as áreas pontiagudas dos dentes, para desgastá-las e deixá-las lisas;
- outro problema dental dos cavalos: equinos têm troca de dentes semelhante à do homem, e o não rompimento da gengiva pelo dente resulta na formação de cisto, causando dor intensa. Nesse caso, quase sempre a extração é indicada.

Agora (2015), registramos com alegria que a Odontologia Veterinária encontra-se muito evoluída e que hoje são realizados em animais praticamente todos os tratamentos realizados em humanos, como limpezas dentais, extrações, restaurações, tratamentos de canal, ortodontia e até cirurgias mais sofisticadas. A saúde oral dos animais vai muito além da estética, trata-se em ganho de qualidade e tempo de vida.

Homeopatia e Medicina Veterinária

Como os remédios homeopáticos não têm sabor nem odor, geralmente são bem aceitos pelos animais, quando dissolvidos na água ou associados à ração que lhes é oferecida.

Animais tratados por homeopatia, prescrita por médico veterinário, apresentaram os seguintes resultados:

- cadelinha "pinscher" que não aceitou cobertura durante cinco cios sucessivos, com diferentes machos, em diversas tentativas, depois de tratada com "Sépia" pariu duas vezes;
- equinos com cólicas receberam "lycopodium", tendo alívio;
- cão pastor alemão que sofria diarreia com sangue foi curado com "arsênico" (elemento altamente tóxico, mas devidamente diluído – homeopaticamente);
- bovinos e equinos com verrugas foram tratados com "arboris";
- vacas e cadelas com falta de leite foram tratadas com "pulsatilla".

Casos agudos (pneumonia, otites, diarréias etc) obtêm respostas bastante rápidas ao tratamento homeopático.

Casos crônicos (alergias, infertilidade, manqueira e tumores) têm a cura no tempo proporcional ao da instalação da doença.

Advertência dos veterinários homeopatas: remédios homeopáticos, se ministrados inadequadamente, podem causar sérios desequilíbrios e reações secundárias.

Quanto à Medicina Veterinária tradicional, já registramos seu fantástico avanço e o quanto representa de benefício para os animais.

Convívio social de donos de animais, vizinhos e transeuntes

Tendo em vista os direitos dos vizinhos, é de todo conveniente que donos de animais de estimação tomem alguns cuidados, para bom convívio social:

- evitar que cães fiquem latindo indefinidamente, principalmente à noite (folheto britânico sugere que, ao se viajar, o rádio seja deixado ligado em baixo volume para dar a impressão, ao animal, de que não está sozinho);
- alarmes residenciais que disparam mediante passagem no campo magnético devem ser instalados de forma a não serem acionados "a toda hora" pelos animais da casa (cães, principalmente); há casos em que até insetos disparam esses alarmes, providos de células fotoelétricas.
- os matinais passeios diários com cães são benéficos para esses animais, mas não podem se transformar em tormento para as demais pessoas, obrigadas a transitar em vias públicas com excrementos caninos; uma boa medida é conduzir o animal, primeiramente, até um local onde suas fezes possam ser enterradas (pelo dono!) e onde sua bexiga se esvazie "ao máximo".

NOTA

A propósito, a Prefeitura de Santos/SP começou a instalar, em Maio/96, em caráter experimental em duas praças, "cocoletores", cestos exclusivos para depósito de fezes de animais. Aliás, desde Novembro/95, os donos dos 40 mil animais domésticos de Santos estariam sujeitos a multa, caso não recolhessem as fezes de seus animais das ruas. Foram distribuídos gratuitamente 2.000 kits descartáveis, que consistem de saquinhos de plástico com duas abas de papelão. A aba maior é usada como pá, para recolher as fezes. A menor serve para empurrar as fezes para dentro do saquinho, a ser depositado nos cestos, que têm dispositivo interno que impedem a propagação do odor.

(Eis aí um belo exemplo a ser seguido por todas as cidades brasileiras).

"Sanitários caninos"

Desde início de 1998, "banheiros" para cachorros (sanitários especiais) são a nova arma usada pela Prefeitura de Paris para diminuir a sujeira da cidade: dez toneladas de fezes que esses animais – cerca de 200 mil cães – deixam todos os dias nas ruas.

Citados sanitários são postes estilizados, em três modelos:

- área pavimentadas, com segurança para evitar atropelamento do cão;
- em calçadas mais largas e em ambientes cercados de plantas.

Tudo à preferência dos cachorros...

As multas para os donos dos cães são pesadas: a TV, numa cena bizarra, mostrou *madames* (in)utilizando suas delicadas luvas, para retirar do passeio público parisiense "aquilo" que seus cãezinhos tinham deixado.

Em 1998, a SPCA (Sociedade para a Prevenção e Crueldade contra Animais) instalou num sofisticado bairro de São Francisco (Califórnia, Costa Leste dos EUA), um hotel para animais abandonados. Seu responsável declarou que ali os animais de rua seriam treinados a utilizar a inovação tecnológica francesa: os "banheiros de cachorro".

Polícia Florestal e de Mananciais

Todos os cidadãos têm o dever de respeitar e principalmente colaborar com as atividades da Polícia Florestal e de Mananciais.

Representam os policiais florestais os vigilantes e defensores dos recursos naturais, atuando preventivamente junto à sociedade, gerando proteção ao contexto ecológico fauna-flora.

São esses abnegados profissionais que, visando resguardar as espécies animais, de forma indireta, solicitam à sociedade que comemore duas quase deslembradas datas:

4 de Outubro: Dia Mundial dos Animais!
(Em homenagem a São Francisco de Assis).

5 de Outubro: Dia das Aves!
(Decreto nº 63.234, de 12-9-1968).

17

É BOM NÃO LEMBRAR...

Em geral, a cada reencarnação o Espírito está em melhores condições do que na anterior – tal é a Lei Divina do Progresso (Evolução). Quando não ocorre evolução numa existência terrena, ou em várias, o Espírito não retrograda. A abençoada Lei de Justiça, pelo Amor do Criador, tem meios caridosos de induzir esse infeliz ao caminho evangélico. Já foi ventilado esse tema no capítulo sobre a dor, nesta mesma obra.

Quando encarnado, advertem os Instrutores Espirituais Bondosos, conveniente é que o homem não se lembre das vidas passadas, das quais, porém, mantém todo o acervo de erros e acertos, guardado como registro fiel nas profundezas da alma.

Assim, esquecimento do passado é bênção divina.

As tendências de cada pessoa demonstram com segurança quais as características desse acervo, falando alto suas atitudes atuais, humildes ou orgulhosas, de tolerância ou aspereza, de avareza ou desprendimento, de fé ou incerteza – enfim, de amor ou ódio...

Quando desencarna, muda todo o processo: é mostrado a cada ser, dentro do seu suporte emocional, aspectos principais do panorama íntimo que espelha sua conduta. No período que permanece no Plano Espiritual tem acesso quase completo a todo o seu passado mais recente, vendo o que fez de bom e de infelicidades até ali, e é assim que se predispõe a corrigir os erros. Então, implora por nova oportunidade, sempre concedida dadivosamente por Deus – quantas necessárias forem!

Ver o passado não é fácil, e nessa empreitada o Espírito nunca está sozinho: acompanham-no Mensageiros Celestiais, instruídos, conselheirais, extremamente capacitados a dirimir dúvidas e a aduzir esclarecimentos.

Dessa forma, alertado antes do retorno ao corpo físico, quanto à sua situação perante as Leis Morais, relembra e assume:

- no passivo: onde, quando, como, quanto, com quem, contra quem e por que errou;
- no ativo: ouvida a consciência, enriquece-o o simples entendimento da diferença entre o bem e o mal.

Aí, sempre com sua participação – e algumas vezes presentes alguns dos futuros circunstantes que dele se aproximarão ou com ele conviverão –, é projetado um planejamento reencarnatório, onde são definidos, em linhas gerais: onde, quando, como, com quem, duração, saúde, recursos materiais – tudo relativo a uma nova jornada terrena.

Homologado o projeto em Instância Espiritual Superior, para onde é previamente encaminhado, ocorre o nascimento de um novo ser humano – *novo*, por ser bebê, mas na verdade, *velho*, por ser Espírito de repetidas experiências iguais.

Nasce, esquecendo o passado.

E é bom mesmo que, enquanto encarnado, não se lembre dele.

De nossa parte, louvamos e agradecemos a Deus esse esquecimento – outra das incontáveis Dádivas Divinas.

– Pois, já pensaram se nós nos lembrássemos, por exemplo, de onde estávamos nos precisos anos de Jesus reencarnado?...

Apenas como suposição: se nós, cristãos de hoje, saudamos o Mestre à sua entrada em Jerusalém e uma semana depois, no plebiscito mais infame da História, optamos pela sua crucificação, como nos sentiríamos?

É bom não lembrar...

Mil vezes preferível seria constatar que éramos, então, um dos animais da inesquecível manjedoura, os quais, com sua mansidão e com seu hálito receberam e aqueceram o Menino Jesus, ou mesmo o jumentinho virginal que O carregou na entrada de Jerusalém! Ou, ainda, aquele pobre galo que desiludido com a fraqueza humana cantou três vezes.

18

CONCLUSÃO

Os incríveis avanços da Ciência, em todas as áreas humanas, ultrapassaram todas as expectativas mentais. Quais deuses inacabados, cérebros ensandecidos pela tecnologia, os Espíritos humanos vêm palmilhando o macro e o micro, olhando o Universo pelas potentes lentes de fabulosos telescópios, ou percorrendo a vista no átomo, com não menos incríveis microscópios eletrônicos.

Mas não é feliz o homem!

Do "Titanic" aos superpetroleiros, do "14-Bis" ao "Concorde", do buscapé ao "Saturno", do "Sputinik" ao "Challenger", do monjolo às usinas nucleares, das cabanas ao "World Trade Center" (famosas torres gêmeas em Nova York, vítimas de dois atentados criminosos, terroristas: o primeiro em 26 de fevereiro de 1993, quando um carro-bomba foi detonado no estacionamento de uma das torres, cujos danos, porém, não afetaram sua estrutura, e outro, no dia 11 de setembro de 2001, quando dois aviões se chocaram contra as torres, derrubando-as e provocando comoção internacional), o rastro não é de felicidade. Em 2014, no lugar das antigas torres, um novo arranha-céu foi inaugurado no local. Contando com o mastro no seu topo, são 540 metros de altura, calculados milimetricamente. Esse novo prédio vem sendo considerado um dos mais resistentes do mundo.

Vencendo distâncias, pesos e espaços, aparelhos foram situados em órbita atmosférica, com capacidade para identificar, sem erro, os caracteres de uma placa de automóvel, em qualquer parte do planeta. Esses mesmos aparelhos, xarás da Lua, mas dela tão distantes na essência, prestam também benefícios, mas simultaneamente arvoram-se em fiscais mundiais, de tudo e de todos, ofertando pontaria certeira a guerreiros, em não menos de uma oportunidade.

A tecnologia não conseguiu evitar que até aqui mais de sessenta mil objetos perdidos (fragmentos metálicos ou sucatas de propulsores, foguetes e satélites) tornassem perigosíssimo o trânsito espacial.

Saindo das tribos e das vilas o homem foi para as megalópoles, nenhuma delas oferecendo paz e tranquilidade aos seus milhões de habitantes.

Aperfeiçoando veículos, mercê de incrível poder de trabalho concentrado nos motores, o homem consegue deslocar-se com velocidades incompatíveis à sua estrutura orgânica. Supera tal óbice com acessórios adequados, mas é com essa mesma velocidade que passa pela pobreza, sem sequer divisá-la: não vê favelas, indigentes, famintos, desesperançados, não vê o próximo.

Não vê nem cadeias, nem vê escolas; não vê igrejas, nem hospitais...

Vê hospitais, sim, quando a Dor interrompe sua viagem; aí, entendendo que todo excesso, seja de velocidade ou de poder, é inconveniente, persigna-se e promete aos Céus que vai mudar...

Tudo isso no macro.

Quanto ao micro, não temos melhores fotos do que a realidade:

– a Informática, de potencial quase inconcebível à maioria das pessoas, incluindo seus próprios usuários, consegue colocar todo o conteúdo da Enciclopédia Britânica em apenas um *pen drive* [60] de baixa capacidade; a velocidade de acesso dos computadores passa a ser medida em milissegundos; os dados armazenados são contados em gigabyte (giga = unidade multiplicada 10 vezes); o chamado "efeito morph" (técnica de distorção de imagens feita com um programa matemático que vai trocando os vários pontinhos de uma tela por outros, até transformar as figuras) deslumbra milhões de telespectadores, de novelas e de anúncios de publicidade – carro vira tigre, mulher vira tronco de árvore, menino vira macaco; renovando a tecnologia dos computadores. Os hologramas (imagem tridimensional, capturada por filme), com seu fantástico efeito visual, cujas imagens parecem mudar de lugar conforme o ângulo de visão do observador, fazem com que nosso cérebro quase desminta os olhos;

– a Química fina, verdadeira revolução no mundo industrial farmacológico, no pós II Guerra Mundial, substituiu o método extrativo por processos de síntese; com a diversidade de novas moléculas, produzidas industrialmente, novos fármacos (princípios ativos dos remédios) inundaram o mundo, mas sob domínio financeiro das grandes potências; remédios, essências e fluidos passaram a ser fabricados pelos grandes laboratórios, e, como o mundo sempre aumenta sua densidade demográfica, não faltam fregueses (doenças e doentes);

– a Biogenética, onde explodem as descobertas e os resultados da engenharia da vida, área do maior interesse dos

---

60.

países desenvolvidos, já domina a sexagem de embriões e modifica a estrutura genética de seres vivos (animais, por enquanto...), para em seguida patentear o resultado – os chamados animais transgênicos; paralelamente, na agricultura, temos as sementes transgênicas, patenteadas, que já estão conferindo aos seus detentores incrível domínio sobre a produção de alimentos;

– a Nanotecnologia compreende um conjunto de conceitos da química, física, biologia molecular, computação entre outras áreas correlatas que visam a construção de nanopartículas que possam ser utilizadas para diferentes finalidades.

O prefixo "nano" indica extrema pequenez. Tão pequeno, de fato, que uma estrutura nanodimensionada tem de ser ampliada mais de 10 milhões de vezes para que seja possível apreciar seus detalhes a olho nu. A nanotecnologia refere-se a tecnologias em que a matéria é manipulada à escala atômica e molecular para criar novos materiais e processos com características funcionais diferentes dos materiais comuns. Não é apenas o estudo do muito pequeno, é a aplicação prática desse conhecimento.

A matéria reduzida a uma escala muito pequena pode gerar resultados de larga dimensão em áreas que vão desde a biomedicina à engenharia de materiais. Dimensionadas na escala bilionésima do metro, as nanoestruturas – seja de carbono, de ouro, prata e até do diamante, aumentam a resistência de materiais como o aço ou o cimento – são uma promessa para novos modelos de defensivos agrícolas e têm sido também cada vez mais utilizadas no diagnóstico e no tratamento de diversas doenças. São uma promessa inovadora para o controle de velhas enfermidades, como a dengue e a leishmaniose.

Citamos apenas uma aplicação já em curso, na área da saúde: diagnósticos ultrassensíveis (com nanobastões de ouro, por exemplo).

No entanto, os bois continuam dóceis e comendo capim; os cavalos, sob chibatadas públicas, puxando carroças, transportando cargas e pessoas, só comendo capim; cães, gatos e aves, com hábitos naturais modificados pela civilização dos seus donos, coercitiva e privacional por excelência, seguem suas vidas, uns felizes (será?), outros nem tanto.

Só o homem ainda não se convenceu de que a Natureza é mãe dos seres criados por Deus, homens e animais – por isso, todos têm lugar na Terra e direito à vida.

Deslembrando-se disso, o homem sofre amargores e dores.

Doenças julgadas banidas retornam, em recidiva inquietante e mais potencializada; novas patologias mórbidas surgem, com exponenciabilidade para a AIDS, que informa morte cruel e próxima, fazendo com que milhares de famílias se vistam de luto e dor, antes mesmo de o ser amado desencarnar.

Ao avizinhar-se o terceiro milênio emerge o Evangelho de Jesus, sobressaindo dessa sombria paisagem terrestre, onde povos desenvolvidos respiram o mesmo ar de populações miseráveis, onde nunca foi tão marcante o contraste entre riqueza e miséria, onde inteligências notáveis convivem com preponderantes níveis intelectuais baixos. Qual farol permanentemente aceso, o Evangelho oferece segurança a todos os navegantes humanos no Mar da Vida.

Nenhum naufragará, mantida a rota que a própria consciência indica e que esse bendito farol ilumina.

Jesus está no leme do grande barco que é o mundo.

A mensagem bíblica que noticiou sobre o dilúvio e Noé tem na atualidade especial significado para todos nós, convidando-nos a embarcar com o Mestre, em viagem tranquila, rumo à nossa própria evolução espiritual.

Não custa nada cada um de nós ajudar ao menos um animal nessa viagem evolutiva.

Fica o convite.

Amigo leitor:
Iniciei este meu livro prestando uma singela homenagem aos meus gatos e a seguir, pensando nos cães, aos quais amo por igual, inseri a poesia "História d´um Cão".
Agora, ao finalizar minha humilde obra, retorno aos cães, reproduzindo o magistral

TRIBUTO A UM CÃO

19

"TRIBUTO A UM CÃO"

Este tributo foi apresentado ao júri pelo ex-senador americano George Graham Vest (1830-1904), então advogado, que representou o proprietário de um cão da raça FoxHound chamado Old Drum (Velho Tambor) e que foi morto a tiros, propositadamente, pelo vizinho, que desconfiava que Old Drum andava matando suas ovelhas. O fato ocorreu em 23 de setembro de 1870, na cidade de Warrensburg, Missouri, nos Estados Unidos da América. O Senador ganhou o caso, e seu discurso arrancou lágrimas dos jurados.

Hoje existe uma estátua do cão na cidade, e o discurso está inscrito na entrada do tribunal de justiça, ainda existente na cidade.

Em 2000, a história do julgamento originou o filme *The Trial of Old Drum*.

"O mais altruísta dos amigos que um homem pode ter neste mundo egoísta, aquele que nunca o abandona e nunca mostra ingratidão ou deslealdade é o cão.

Senhores jurados, o cão permanece com seu dono na prosperidade e na pobreza, na saúde e na doença. Ele dormirá no chão frio, onde os ventos invernais sopram e a neve se lança impetuosamente.

Quando só ele estiver ao lado de seu dono, ele beijará a mão que não tem alimento a oferecer, ele lamberá as feridas e as dores que aparecem nos encontros com a violência do mundo.

Ele guarda o sono de seu próprio dono como se fosse um príncipe. Quando todos os amigos o abandonarem, o cão permanecerá. Quando a riqueza desaparece e a reputação se despedaça, ele é constante em seu amor como o Sol em sua jornada através do firmamento.

Se a fortuna arrasta o dono para o exílio, o desamparo e o desabrigo, o cão fiel pede o privilégio maior de acompanhá-lo, para protegê-lo contra o perigo, para lutar contra os inimigos.

E quando a última cena se apresenta, a morte o leva em seus braços e seu corpo é deixado na laje fria, não importa que todos os amigos sigam seu caminho, lá ao lado de sua sepultura se encontrará seu nobre cão, a cabeça entre as patas, os olhos tristes, mas em atenta observação, fé e confiança mesmo à morte."

BIBLIOGRAFIA

a) ESPIRITISMO

Kardec, A.
- *O Livro dos Espíritos*, 22ª ed., Petit, São Paulo/SP, 2015
- *O Livro do Médiuns*, 10ª ed., Petit, São Paulo/SP, 2015
- *O Evangelho Segundo o Espiritismo*, 29ª ed., Petit, São Paulo/SP, 2015
- *A Gênese* (1ª ed., na França, 1868)

Edições consultadas: Federação Espírita Brasileira (FEB), Brasília/DF
- *Revista Espírita*, Ano I – Março, Abril, Agosto – 1858

Edições consultadas: I.D.E., Araras/SP

XAVIER, F. Cândido (Médium psicógrafo)

Pelo Espírito Emmanuel
- *O problema do ser*, 1ª ed., Petit, São Paulo/SP, 2000
- *O Consolador*, 6ª ed., FEB, Rio de Janeiro/RJ, 1976
- *Emmanuel*, 1ª ed., FEB, Rio de Janeiro/RJ, 1937
- *A Caminho da Luz*, 13ª ed., FEB, Rio de Janeiro/RJ, 1985

Pelo Espírito André Luiz:
   – *Missionários da Luz*, 21ª ed., FEB, Brasília/DF, 1988
   – *Ação e Reação*, 5ª ed., FEB, Rio de Janeiro/RJ, 1976
   XAVIER, F. C. e VIEIRA, W. (Médiuns psicógrafos)

Pelo Espírito André Luiz:
   – *Evolução em Dois Mundos*, 11ª ed., FEB, Brasília/DF, 1968
   VIEIRA, W. (Médium psicógrafo)

Pelo Espírito André Luiz:
   – *Conduta Espírita*, 3ª ed., FEB, Rio de Janeiro/RJ, 1968
   MAIA, J. Nunes (Médium psicógrafo)

Pelo Espírito Lancellin:
   – *Iniciação-Viagem Astral*, 4ª ed., Fonte Viva, Belo Horizonte/MG, 1987

Com Espírito Sinhozinho Cardoso.
   – *Além do Ódio*, 4ª ed., Fonte Viva, Belo Horizonte/MG

Pelo Espírito Kahena:
   – *Canção da Natureza*, Fonte Viva, Belo Horizonte/MG
   PEREIRA, Y. A.
   – *Devassando o Invisível*, 7ª ed., FEB, Brasília/DF, 1987
   SANTOS, J. Andrea
   – *Impulsos Criativos da Evolução*, 3ª ed., 1995, Soc.Edit.Espírita F.V.Lorenz, RJ/RJ, 1995
   PASTORINO, C. Torres
   – *Técnicas da Mediunidade*, 2ª ed., Sabedoria, Rio de Janeiro/RJ, 1973
   ARMOND, E.
   – *Mediunidade*, 14ª ed., Lake, São Paulo/SP, 1973
   BOZZANO, E.
   – *Os Animais Têm Alma?*, ECO, Rio de Janeiro/RJ
   DELLANE, G.
   – *A Alma é Imortal*, 5ª ed., FEB, Brasília/DF, 1987
   – *A Evolução Anímica*, 6ª ed., FEB, Brasília/DF, 1989
   SCHUTEL, C.
   – *Gênese da Alma*, 6ª ed., O Clarim, Matão/SP, 1982
   PIRES, J. Herculano
   – *Agonia das Religiões*, 3ª ed., Paidéia, São Paulo/SP, 1989

– *Mediunidade*, 2ª ed., Edicel, São Paulo/SP
PERALVA, J. Martins
– *Mediunidade e Evolução*, 5ª ed., FEB, Brasília/DF, 1987
MELO, J. Luiz
– *O Passe*, 4ª ed., FEB, Brasília/DF, 1993
Revista *REFORMADOR*, FEB, Brasília/DF, Junho/87 e Janeiro/93
Jornal *O SEMEADOR*, FEESP, São Paulo/SP, Março a Agosto/92
Boletim Semanal *SEI*, Capemi, Rio de Janeiro/RJ, 30 de Janeiro de 1993

CIÊNCIA

BRANDÃO, M. Lira
– *As Bases Psicofisiológicas do Comportamento*, 1ª ed., EPU, São Paulo/SPB. HÖLLDOBLER (University of Würzburg/Alemanha) e E. O. WILSON (Harvard University, Cambridge, MA/EUA)
– *The Ants*, 1990, XIII

DIVERSOS

Almanaque *GUIA RURAL ABRIL*, Abril, São Paulo/SP, 1986
Revista *VEJA*, Abril, São Paulo/SP (números citados)
Revista *OS CAMINHOS DA TERRA*, Azul, Outubro/1992
Revista *LA VOZ DE LOS ANIMALES*, números, 33, 37, 38, 39, 40, 1983/1984, México, D.F.
Jornais diários (datas citadas):
– *Folha de S. Paulo*, São Paulo/SP
– *O Estado de São Paulo*, São Paulo/SP
– *A Cidade*, Ribeirão Preto/SP

Ao terminar a leitura deste livro, talvez você tenha ficado com algumas dúvidas e perguntas a fazer, o que é um bom sinal. Sinal de que está em busca de explicações para a vida. Todas as respostas que você precisa estão nas Obras Básicas de Allan Kardec.

Se você gostou deste livro, o que acha de fazer com que outras pessoas venham a conhecê-lo também? Poderia comentá-lo com aquelas do seu relacionamento, dar de presente a alguém que talvez esteja precisando ou até mesmo emprestar àquele que não tem condições de comprá-lo. O importante é a divulgação da boa leitura, principalmente a da literatura espírita. Entre nessa corrente!

Obra vencedora do Concurso Literário Petit 30 Anos

Uma conversa amiga, com perguntas e respostas que surgem ao sabor dos acontecimentos.

Dividida em doze blocos, ou "diálogos", esta obra traz para o leitor alguns dos temas que mais aguçam e despertam a curiosidade dos leitores, como reencarnação; suicídio; deficiências; evolução dos espíritos; herança espiritual; aborto; entre muitos outros.

Sucesso da Petit Editora!

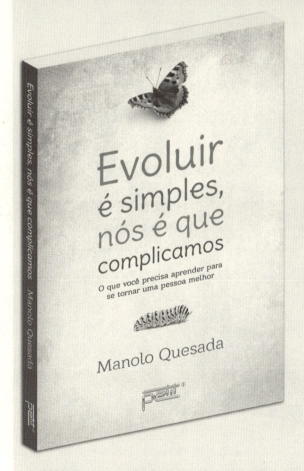

Tudo sempre se entrelaça, pois a nossa vida é uma sequência, ora no plano material, ora no plano espiritual

Relatos vibrantes de quem já se mudou para o plano espiritual

Esta obra apresenta diversos relatos de pessoas comuns, com virtudes, defeitos e muitos sonhos. Nem sempre essas pessoas perceberam que já não faziam mais parte da vida terrestre, como foi o caso de Tonico. Como será que elas são recebidas do outro lado? E quando são muito crianças? Acompanhe histórias verdadeiras e o que esses homens, mulheres e crianças encontraram na passagem de um plano para o outro.

Mais um sucesso da Petit Editora!

Cartas vindas do outro plano da vida...

Escolhas que poderiam ter mudado o rumo da história da pessoa

Cartas de uma outra vida é uma obra para aqueles que reconhecem a vida como um presente de Deus. Neste livro, William Sanches nos apresenta lindas e emocionantes cartas vindas do outro plano da vida, excelentes exemplos que nos servem de aprendizados, pois por meio das experiências dos outros podemos refletir sobre a nossa própria vida e perceber o quanto somos abençoados pela oportunidade de corrigir erros do passado.

Sucesso da Petit Editora!